早稲田教育叢書 43

2時間単元で構成する
道徳科授業の理論と実践

田中 博之 著

学文社

はじめに

子どもの道徳的成長を促す２時間道徳のすすめ

「道徳の授業は，なぜ１時間で終わるのだろう？」

この疑問は，私が30歳で教育学の研究者になった時から，ずっと頭から離れませんでした。

その頃は，まだ道徳の時間は「特別の教科 道徳」にはなっていませんでしたが，学校に講師として呼ばれたり，公開研究授業に参加して見せていただいたりする道徳の授業は，すべて１時間で終わる授業ばかりでした。

国語科や社会科，体育科など，どの教科も授業は複数時間からなる単元で構成されているのに，なぜ，道徳の授業は，資料集にある１本の読み物教材を１時間で読んで話し合うだけの授業しかないのでしょうか。

また，「あと10分あれば，いやあと５分あれば，子どもたちからは深い意見が出たのに」という先生方の残念な思いを多くの事後検討会で聞きましたが，その問題を２時間単元によって解決しようとする先生には出会ったことはありませんでした。教育委員会の指導主事でさえ，「45分で終わらせるのが教師の力量」であるとか，「あとここを３分短くすれば，きちんと45分で終わっていた」というように，子どもの学びの深さや考える楽しさを保障するよりも，効率を優先する残念な指導が繰り返されるばかりでした。

そうした素朴な疑問と不満を私自身力量不足で解決できないまま，25年近くが経っていました。

大阪教育大学から早稲田大学に職を移してまもなく，念願だった道徳の教科化が実現し，新しい学習指導要領の「特別の教科 道徳」には，その内容の取り扱いとして，「一つの内容項目を複数の時間にわたって取り扱うようにすること」という，画期的な事項が記載されました。この記載事項には法的根拠が

あり，学校ではこの改訂の実施が義務付けられています。

　私は，この改訂に喜びを隠せませんでした。

「やっと，私の2時間道徳の夢が実現する！」

　しかし，依然として今日までどの学校でも，道徳科の授業は，1つの教科書教材を，1時間で，1つの内容項目について学ぶという強固な慣習，いわゆる「トリプルワンの原則」を打ち崩せないままでいるのです。

　その結果，未だに浅い形式道徳だけの話し合いに終始している授業，寝ている生徒をそのままにしている授業，先生の顔色と発問のニュアンスを探り先生が求める正解に沿った発言をする子どもたち，やんちゃな子や消極的な子が参加しない授業，アクティブ・ラーニングの活動だけが空回りしている浅い学びは，今でもどの学校でも毎日生まれ続けています。

　「たかが1時間増やして2時間単元にしたって，大きな違いはない。小さいことにこだわるのはおかしい。」という意見があるかもしれませんが，私のこれまでの30年間にわたる教育学の研究者としての誠実な実感を信じるならば，1時間単元か2時間単元かという違いは，天と地ほどの違いがあると感じています。「道徳は1時間」という思い込みによって，子どもたちの新しい学びの可能性が閉ざされてしまっているのです。

　本書に収めた，2時間単元による道徳科の授業（以降，2時間道徳と呼びます）は，こうした私の長年の疑問に応え，不満を払拭する素晴らしい授業ばかりでした。私の2時間道徳に関する提案を，快く受け入れてくださり，形式や慣習よりも，子どもたちの生き生きとした学びの姿を大切にする先生方に心より感謝申し上げます。ありがとうございました。

　2時間道徳では2時間目に，深い意見を出し合う子どもたちがいました。普段の道徳の授業では発言しなかったのに，2時間目の授業でしっかりと自分の考えを言えた子どもたちに出会いました。2時間目の最後に自分の意見を深めて理由を付けて言える子が増えました。そして，2時間道徳の授業を受けて，「私は，初めて道徳の授業が好きになりました。」と言った子の笑顔を見ました。

　私は，教育学の研究者として，授業で学ぶ子どもたちの様子を何度も見せて

いただきましたが，２時間単元による道徳科の授業よりも深い感動を覚えた授業は他にありません。

それは，なぜでしょうか？

その答えとノウハウを，この本には未完成ですが，数多く収めています。

これからも，この２時間単元による道徳科の授業づくりの実践研究を，未来に生きる子どもたちのために，そして，世界の人々から愛される，礼儀正しく思いやりがあり深く判断する優しい日本人を育てるために続けることを決意します。読者の皆様のご支援とご協力をお願いいたします。

さて，2018年に明治図書出版から，『考え議論する道徳ワークショップ』という本を出版しました。そこでは，子ども主体の多様な道徳ツールと道徳アクティビティを通した，深い学びとしての道徳科の授業づくりの研究成果を発表しました。

その中で，すでに２時間道徳のアイデアとそれを活かした授業の在り方について，共編著者の梅澤泉先生と彦田泰輔先生のご協力の基に，萌芽的な提案をしています。本書は，そのアイデアと実践の芽をふくらませて，２時間道徳のためだけのハンドブックとして書き上げたものです。

教育実践の伝統には，受け継ぐべきよいものと改善すべきものがあります。道徳科教育学は，教科としての普及と定着を優先するあまり，子どもの真の学びの在り方を謙虚に見取りつつ，あらゆる学習方法に開かれた態度で知見を自由に蓄積するといった学問としての成熟した段階には残念ながら達していません。これから，実践研究の蓄積が必要です。

子どもたちの健やかで元気いっぱいの道徳的成長を願って，ささやかながら本書をわが国の学校の先生方と教職課程で学ぶ学生たちに贈ります。さあ，２時間道徳で子どもたちとともに，力強く前に進みましょう。

2025年1月吉日

田中 博之

v

目　　次

はじめに　子どもの道徳的成長を促す2時間道徳のすすめ　───── i

第1章　2時間道徳とは何か，なぜ必要なのか ───────── 1

1. 2時間道徳とは何か　　1
2. 2時間道徳はなぜ必要か　　3
3. 2時間道徳に関わる教育行政の動向，先行研究及び実践の整理と
   本書の提案の独自性　　16

第2章　子どもの道徳的成長と道徳的資質・能力の検討 ───── 27

1. 子どもの道徳的成長とは　　27
2. 道徳的資質・能力の検討　　33

第3章　2時間道徳の授業づくり　実践モデル15選 ────── 39

1. 15個の実践モデルの概観　　39
2. 15個の実践モデルの解説　　41

第4章　道徳科に固有な見方・考え方の再編成 ───────── 57

1. 道徳科における見方・考え方とは　　57
2. 道徳科における見方・考え方を作り直す　　59
3. 2時間道徳における新しい見方・考え方の活用方法　　63

第5章　道徳科における内容項目の再検討 ───────── 69

1. 現行の学習指導要領が示す内容項目　　69
2. 内容項目を改訂する観点　　71
3. 新しい内容項目の提案　　72
4. 2時間道徳の実践モデルと新しい内容項目との関連性　　75

第6章　2時間道徳で実現する「深い学び」とは ——————— 81

　1.　深い学びの技法 20 選　　81

　2.　深い学びの技法と 2 時間道徳の 15 個の実践モデルの関連付け　　87

第7章　2時間道徳の実践事例に学ぶ ——————————— 103

　　実践モデル①　中学 1 年　　題材名「いじめといじり」　　105

　　実践モデル②　中学 3 年　　題材名「二通の手紙」　　110

　　実践モデル③　小学 5 年　　題材名「手品師」　　115

　　実践モデル④　小学 6 年　　題材名「まんがに命を―手塚治虫―」　　121

　　実践モデル⑤　小学 3 年　　題材名「さと子の落とし物」　　126

　　実践モデル⑥　小学 2 年　　題材名「生きているから」　　131

　　実践モデル⑦　小学 4 年　　題材名「つくればいいでしょ」　　136

　　実践モデル⑧　中学 2 年　　題材名「手紙　拝啓　15 の君へ」　　141

　　実践モデル⑨　小学 3 年　　題材名「宿題」（自作）　　146

　　実践モデル⑩　小学 4 年　　題材名「お母さんの請求書」　　151

　　実践モデル⑪　小学 4 年　　題材名「『まっ，いいか』でいいのかな？」　　157

　　実践モデル⑫　小学 5 年　　題材名「命の種を植えたい　緒方洪庵」　　162

　　実践モデル⑬　小学 6 年　　題材名「あこがれのパティシエ―好きな道
　　　　　　　　　　　　　　　　　　　を歩む」　　168

　　実践モデル⑭　小学 5 年　　題材名「道徳物語」を作ろう（自作）　　173

　　実践モデル⑮　小学 4 年　　題材名「道徳力はなぜ必要か」（自作）　　179

資　　　料 —————————————————————— 186

用語解説 ———————————————————————— 192

おわりに　2時間道徳は，コロンブスの卵 ————————— 194

第1章

２時間道徳とは何か，なぜ必要なのか

1．２時間道徳とは何か

　２時間道徳とは，１時間目に基礎的な学びを通じて道徳的諸価値を理解し，２時間目にその価値を実生活に関連付け，自己の道徳的成長を促すための深い対話や発展的な活動を行う授業構成です。

　２時間道徳は，従来の道徳科教育に新しいアプローチを加え，子どもたちの深い学びと道徳的成長を促進するために設計された２時間単元による授業構成です。この構成では，１時間目で基本的な道徳的諸価値や知識を理解し，２時間目でその価値を自分自身や実生活と関連付けて深く考え，発展的な活動を行います。時間的な余裕を持たせることで，子どもたちは自己の内面的な成長や道徳的問題への理解を深めることが可能となります。

　まず，２時間道徳の最大の利点は，「主体的・対話的で深い学び」を実現できることです。１時間目に学んだ価値観を基にして，２時間目では子どもたちが自己の考えを他者と共有し，グループでの対話を通じてさらに掘り下げていきます。これは，表面的な学びに終わるのではなく，子どもたちが自らの道徳

観を形成し，発展させるための大切なプロセスです。対話を通じて他者の価値観に触れることで，多様な視点や異なる価値観に対する理解が深まり，子どもたちの道徳的な柔軟性が育まれます。

　また，2時間道徳は，子どもたちが自己の過去の経験や実生活の課題と向き合うための時間を確保します。1時間目に道徳的諸価値を学んだ後，2時間目ではその価値をどのように実生活に応用するかを考える時間が与えられます。このプロセスを通じて，子どもたちは自身の日常生活の中で道徳的な価値をどのように活かすべきかを具体的にイメージしやすくなります。例えば，いじめや不登校といった現実的な問題に対して，自己や他者との関係性を考えながら，解決策を模索する場が提供されます。時間をかけることで，子どもたちは道徳的諸価値を実感として受け入れ，実生活で行動に移す道徳的な実践意欲が高まります。

　さらに，2時間道徳は，子どもたちに多様な価値観や考え方を認め合う時間的余裕を提供します。現代社会では，多様な文化，宗教，ライフスタイル，性自認が共存しており，異なる背景を持つ人々とどのように向き合うかが重要な課題となっています。2時間目では，他者の価値観や考え方に触れ，相互に理解し合うための活動が行われます。これにより，子どもたちは異なる意見を尊重し，多様性を受け入れる姿勢を養います。LGBTQ＋や多文化理解といった現代の課題にも対応できる柔軟な道徳観が育まれます。

　また，2時間道徳は，子どもたちが自己のネガティブな感情や葛藤に向き合う時間を確保します。通常の授業では，自分の弱さや欠点に向き合うことが難しい子どもたちも，2時間目でじっくりと自己反省の機会を持つことで，自己理解が深まります。無理に「正しい自分」を演じる必要はなく，自己の欠点を受け入れながら成長していく姿勢が養われます。このプロセスは，自己肯定感を育て，子どもたちが道徳的な自己改善に向けて主体的に取り組むための強力な支援となります。

　最後に，2時間道徳は，現代社会の急速な変化に対応するための道徳的な判断力を育てます。科学技術の発展やデジタル社会の進展に伴う倫理的問題，そ

して感染症予防など新しい社会のルールに関する道徳的な議論は，時間的な制約がある1時間の授業では不十分です。2時間道徳では，これらの新しい課題にじっくりと向き合い，子どもたちが多面的な視点から問題を考え，実生活に結びつけて理解を深める時間を提供します。

　このように，2時間道徳は，子どもたちが道徳的成長を遂げるための効果的な学びの場と時間を提供し，彼らの内面的な変化や現代社会の複雑な課題に対応する力を養う新しい授業構成です。

2. 2時間道徳はなぜ必要か

　本書では，2時間道徳による道徳科の授業づくりを，すべての学校の先生方に推奨する理由を，次のように考えました。6つの領域で，合計30個の理由があります。

【2時間道徳を必要とする30の理由】

（1）学習指導要領の趣旨に沿う側面

● 「主体的・対話的で深い学び」が実践できる。
● 複数の内容項目や複数の資料・教材を関連付けた指導の工夫ができる。
● 「多面的・多角的に深く考える」ことに十分時間をかけられる。
● 言語活動や成長を振り返る活動が行える。
● 「押しつけ道徳」から，「考え議論する道徳」への転換を実現できる。

（2）道徳科教育の本質に関わる側面

● 基礎的な価値理解に基づき，活用問題の自律的考察ができるようになる。
● 子どもたちによる自律的な道徳的問題の設定と解決ができるようになる。

- 道徳的諸価値の理解を段階的に深めメタ認知させることができる。
- 道徳実践週間を設定して，理解と実践のサイクルを実行できる。
- 読み物教材の奥にある事実を捉えて深く学ぶ時間がとれる。

（3） よい授業の条件に関わる側面

- 子どもたちの発言回数や発言時間が飛躍的に多くなる。
- 友だちの多様な価値観や解決策を聞いて，考えられる楽しさを味わえる。
- 子どもたちが思考の達成感から，道徳科の授業を楽しみにするようになる。
- ワークショップによる創作体験的な活動が設定できる。
- 活動や思考への集中力や参加意識が高まる。

（4） 子どもの実態や課題に対応する側面

- 子どもの過去の多様な経験を引き出して，それに積み上げることができる。
- 発言しなかった子どもたちが，対話に参加し発表するようになる。
- 道徳的成長に課題のある子どもたちが，授業に参加し貢献するようになる。
- お互いの多様な生き方や価値観を認め合える時間的な余裕が生まれる。
- 立派すぎて正しすぎる行為ができない自分をまず受容する余裕がもてる。

（5） 子どもの心理に寄り添う側面

- 時間的なゆとりが，建前ではなく子どもたちの本音と本気を引き出す。
- 納得したり理解したりするために必要な熟成時間を持てるようになる。
- 実生活との関わりで実感を伴って考えられるようになる。
- 自己のネガティブな思いや願いを見つめる時間が持てる。
- 無理して正しい自分や強い自分を演じなくてよいという安心感を持てる。

（6） 現代社会の諸課題に関わる側面

- 科学技術の発展に伴い発生する倫理的問題について考える時間が増える。
- デジタル・AI社会の倫理的課題について考える時間が増える。

第1章　2時間道徳とは何か，なぜ必要なのか　**5**

● いじめや不登校に関わる道徳的行為について，深く考えることができる。
● 人間の多様性について深く考えることができる。
● 感染予防など，新しい社会のルールについて深く考えることができる。

（1）学習指導要領の趣旨に沿う側面

　一つ目の理由として，学習指導要領の趣旨に沿った2時間道徳の必要性を論じます。

　学習指導要領が提唱する「主体的・対話的で深い学び」の実現は，2時間道徳の構成において特に有効です。この指導要領の改訂により，道徳科教育は単に価値観や行動規範を教え込む「押しつけ道徳」から，子どもたちが自ら考え，議論を通じて学びを深める「考え，議論する道徳」への転換が強く求められています。同一の内容項目による2時間にわたる授業構成は，子どもたちが深く考え，議論するための時間を十分に確保でき，学びの質を飛躍的に向上させるものです。

　まず，「主体的・対話的で深い学び」を実践するためには，学習内容を単に受け身で理解するのではなく，子どもたちが主体的に学びに関わることが重要です。2時間道徳では，1時間目に基本的な内容を学び，2時間目にその内容を深く掘り下げて考える時間を持つことで，子どもたちは自分自身で考え，議論し，他者の意見を取り入れながら学びを発展させることができます。これにより，単なる知識の定着ではなく，道徳的な価値観を自分のものとして内面化するプロセスが促進されるのです。

　また，2時間道徳の利点として，複数の内容項目や複数の資料・教材を関連付けた指導の工夫が可能になる点があります。通常の1時間の授業では，限られた時間内で1の内容項目に集中せざるを得ないことが多いのですが，2時間にわたる授業構成では，異なる内容項目を関連付けたり，異なる視点から同じテーマを探究したりすることが可能です。これにより，子どもたちは単一の価値観にとどまらず，複合的な価値観の中で道徳的な判断力を養うことができ，

多面的・多角的に考える力が育まれます。複数の資料や教材を活用することで，道徳的諸価値をより具体的に考えることができ，実生活に即した学びを提供することができます。

　次に，「多面的・多角的に深く考える」ことに十分な時間をかけられるのも２時間道徳の強みです。１時間目で与えられたテーマについて，２時間目で異なる視点や価値観を探り，子どもたちが議論し，考えを深めていく過程を設定することで，表面的な理解にとどまらず，より深い洞察に到達することが期待されます。特に，子どもたちが対話やディスカッションを通じて自己の考えを再構築し，他者と異なる視点を持つことで，思考の幅が広がり，批判的思考力や道徳的な判断力が育成されるでしょう。

　さらに，２時間の授業構成では，言語活動や学習後の自己の道徳的成長を振り返る活動が効果的に行えます。言語活動を通じて自分の考えを整理し，他者に伝えることで，表現力や論理的思考力が鍛えられます。また，学びを振り返る時間を設けることで，子どもたちは自分自身の成長を実感し，次の学びへの意欲を高めることができます。特に道徳科教育においては，子どもたちが自己の道徳的成長を自覚することが，道徳的な価値観の内面化や実践につながるため，この振り返り活動は極めて重要です。

　最後に，２時間道徳の実践によって，「押しつけ道徳」から「考え議論する道徳」への転換が実現されます。従来の道徳科教育は，一方的に価値観を教え込む形式が中心でしたが，２時間道徳では，子どもたちが主体的に考え，他者との対話を通じて複数の道徳的諸価値を深く理解する場が提供されます。この転換は，子どもたち自身が道徳的価値を選び取り，実生活に応用できる力を育てるために不可欠です。

　以上のように，２時間道徳は，学習指導要領の趣旨に沿った教育改革を推進する重要な要素であり，子どもたちがより主体的に深く学ぶための効果的な手段となります。

第1章　2時間道徳とは何か，なぜ必要なのか　**7**

（2）道徳科教育の本質に関わる側面

　二つ目の理由として，道徳科教育の本質に関わる側面について論じます。道徳科教育の目的は，単に価値観を教え込むのではなく，子どもたちが自律的に道徳的な問題を設定し，解決できる能力を育てることにあります。2時間道徳の構成は，この自律的な学びのプロセスを強化するために最適な手法です。

　まず，2時間道徳では，基礎的な道徳的価値の理解に基づいて，子どもたちがその価値を実際の問題に応用し，自律的に考察できる時間が確保されます。1時間目で基礎的な道徳的諸価値を理解した後，2時間目では，その価値をどのように生活の中で生かすかを考えることができます。これにより，子どもたちは自ら問題を設定し，その解決策を考える力を育むことができます。道徳的価値をただ覚えるだけでなく，それを自分自身の問題として捉え，解決に向けた行動の在り方を考えるプロセスが重要です。このプロセスを通じて，子どもたちは自律的に道徳的な判断を下せるようになります。

　次に，子どもたちが自ら道徳的問題を設定し，それを解決する力を育てる点も2時間道徳の大きな特徴です。通常の授業では教師が課題を設定することが多いのですが，2時間道徳では，1時間目に基礎的な価値を学び，2時間目には子どもたち自身が道徳的問題を設定し，その解決策を考える時間が与えられます。これにより，彼らは自分の生活や体験に基づいた道徳的問題を自ら設定し，それを他者との議論を通じて解決する能力を養うことができます。自ら問題を見つけ，解決策を考えるプロセスは，自己の道徳的成長を深めるとともに，社会で直面する複雑な道徳的課題に対応する力を育む重要な要素です。

　また，2時間道徳の授業では，道徳的諸価値の理解を段階的に深め，メタ認知を促進することが可能です。子どもたちが道徳的な価値観を自分のものとして深く理解するためには，価値の表面的な理解にとどまらず，その奥にある意味や背景を考える時間が必要です。2時間道徳の授業構成は，1時間目に基礎的な理解を行い，2時間目にそれを深めることで，子どもたちが自分自身の思考や活動をメタ認知する機会を提供します。メタ認知とは，自己の思考過程を

客観的に捉え，道徳的な判断や行為を振り返ることを指します。この力を養うことで，子どもたちは自己の成長を感じ取り，自らの道徳的判断をより精緻に磨き上げることができるようになります。

さらに，2時間道徳を活用することで，各時間の間に1週間の道徳実践週間を設け，理解と実践のサイクルを繰り返すことができます。1時間目で道徳的価値を学び，2時間目でその価値を実際に実践した成果と課題を振り返るという流れは，子どもたちにとって非常に有効な学習体験となります。道徳実践週間を設定することで，学んだ内容を日常生活の中で実践し，その結果を2時間目に振り返ることができます。このようなサイクルを繰り返すことで，道徳的な価値観が単なる理論ではなく，実生活の中で実践され定着するものとなります。学びと実践を連携させることで，子どもたちは道徳的諸価値を具体的な行動に結びつける力を養います。

さらに，2時間道徳では，読み物教材の奥にある事実を捉え，深く学ぶ時間が確保されます。通常の1時間授業では，読み物教材の表面的な内容を理解することにとどまることが多いのですが，2時間道徳では，物語の背後にある道徳的価値や，人物の行動の意味を深く掘り下げて考えることができます。これにより，子どもたちは物語の中で描かれる道徳的な葛藤やジレンマをより深く理解し，自分自身の行動や価値観に照らし合わせて考える力を身につけることができます。

以上のように，2時間道徳は，道徳科教育の本質に根ざした教育手法であり，子どもたちが自律的に道徳的問題を考え，解決策を見つけ出す力を養います。段階的に価値観を深め，実生活での実践を通じて道徳的成長を促すこのアプローチは，子どもたちが未来の社会に貢献するために必要な道徳的な資質・能力を育てる重要な手段となります。

（3）よい授業の条件に関わる側面

三つ目の理由として，よい授業の条件に関わる側面について解説します。道徳科教育において「よい授業」を実現するためには，子どもたちが主体的に授

業に参加し，深く考え，楽しみながら学ぶことが重要です。2時間にわたる道
徳科の授業構成は，これらの要素を取り入れ，子どもたちの学びの質を向上さ
せるために効果的な手法です。

　まず，2時間道徳の授業では，子どもたちの発言回数や発言時間が増加しま
す。通常の1時間授業では，時間が限られているため，子どもたち全員が十分
に発言する機会を得られないことが多いのですが，2時間構成にすることで，
発言の機会が増え，子どもたち一人ひとりが自分の意見を表現する場が確保さ
れます。これにより，子どもたちが授業に積極的に参加し，自分の考えを他者
と共有することを通じて，相互に学び合う姿勢が促進されます。また，自分の
意見が尊重されることで，発言に対する自信が育まれ，子どもたちの道徳的思
考力が深まるのです。

　さらに，2時間道徳の授業では，友だちの多様な価値観や解決策を聞く楽し
さを味わうことができます。道徳科の授業では，1つの「正解」があるわけで
はなく，子どもたちが様々な視点から考えることが求められます。2時間目で
は，友だちがどのような解決策を提案したのかに関わって，それぞれの価値観
や考え方を共有し合うことで，多様な視点から学ぶことができ，他者の意見を
聞く楽しさが生まれます。このプロセスを通じて，子どもたちは自分自身の考
えをより広い視野で捉え，異なる意見を尊重する姿勢を育むことができるので
す。

　また，2時間道徳では，子どもたちが思考の達成感を味わい，道徳科の授業
を楽しみにするようになります。1時間目に基礎的な学びを行い，2時間目で
その学びを発展させたり，深めたりすることで，子どもたちは「自分で考えた
ことが実を結んだ」という達成感を感じることができます。この達成感は，次
回の授業への学習意欲を高め，道徳的な思考や行為に対する意欲を育てる力と
なります。特に，問題解決型の活動や対話を通じて，自らの考えが他者に理解
され，受け入れられる経験が子どもたちの自信を引き出し，道徳科教育への興
味を持続させる要因となるでしょう。

　2時間道徳の構成によって，ワークショップ形式の創作体験的な活動を設定

することも可能です。1時間目で学んだ道徳的諸価値を基に，2時間目でその価値を実際に体験する活動を組み込むことができます。例えば，物語の続きや4コマ漫画を作成したり，役割演技を通じて道徳的な状況を再現する活動を行ったりすることで，子どもたちの想像力や表現力を引き出しながら，学びをより深いレベルで実感することができます。創作活動は，子どもたちが自らの学びを実際に形にする喜びを感じるとともに，道徳的諸価値を具体的な道徳的な行為に結びつける大切さを体験的に理解する機会を提供します。

　さらに，2時間道徳の授業では，活動や思考に対する子どもたちの集中力や参加意識が高まります。1時間目で基礎を学び，2時間目でその内容をさらに深く掘り下げていく構成は，学びの流れを自然なものとし，子どもたちの集中力を維持しやすくします。特に，対話活動や創作活動などのワークショップ形式の活動は，子どもたちが自発的に参加し，積極的に意見を交わすことを促します。これにより，ただ聞くだけの受け身の学習ではなく，能動的に学びに取り組む姿勢が育まれます。

　2時間道徳の構成は，子どもたちが他者と意見を交換し，自らの思考を深める場を提供するだけでなく，自分自身の成長や学びを実感することができる時間でもあります。発言の機会が増え，友だちの意見や価値観を聞く楽しさを知り，道徳的な問題解決に取り組むことで，子どもたちは道徳科の授業を単なる知識習得の場ではなく，自己表現や自己成長の場として捉えるようになるでしょう。

　以上のように，2時間道徳は，よい授業の条件を満たすための効果的な手段です。子どもたちの主体的な参加を促進し，多様な価値観に触れる機会を増やし，思考力や創造力を最大限に引き出すことで，道徳科教育が一層豊かな学びの場となります。子どもたちが授業に対して持つ期待感や意欲が高まり，子どもたち一人ひとりの道徳的成長が自然と促されるのです。

（4）子どもの実態や課題に対応する側面

　四つ目の理由として，子どもの実態や課題に対応する側面について論じます。

現代の子どもたちは，個々に異なる背景や価値観，経験を持っており，それに応じた柔軟な指導が求められます。2時間道徳の授業は，こうした多様な子どもたちの実態に適応し，彼らの道徳的成長を促進するために効果的な学習環境を提供します。

　まず，2時間構成の授業は，子どもたちの過去の多様な経験を引き出し，それに積み上げることができる時間的な余裕を生みます。子どもたちは皆，異なる家庭環境や生活体験を持ち，それらを基にして道徳的な価値観を形成しています。1時間目で与えられた教材やテーマについて考えた後，2時間目で自分の過去の経験を振り返り，それを基にした深い考察を行うことができます。これにより，個々の経験や価値観が授業に反映され，学びが個別化されると同時に，多様な視点からの道徳的成長が促進されます。

　また，発言しにくい子どもたちが対話に参加しやすくなる点も2時間道徳の大きな特徴です。1時間構成の授業では，限られた時間の中ですべての子どもが発言する機会が得られない場合がありますが，2時間構成の授業では，子どもたちがじっくりと考える時間を持ち，発言しやすい環境が整います。1時間目で基礎を学んだ後，2時間目では，少人数でのグループ対話やペアワークなどを通じて，発言することに積極的でない子どもたちも自信を持って発言できる場と時間が提供されます。これにより，授業に対する参加意識が高まり，子どもたち全員が学びのプロセスに積極的に関わることができるようになります。

　さらに，道徳的成長に課題のある子どもたちが，2時間道徳を通じて授業に参加し，貢献できるようになります。道徳的な判断力や行為がまだ十分に発達していない子どもたちでも，2時間にわたって考えたり，友だちと話し合ったりする機会が増えることで，自分の意見を整理しやすくなります。道徳科の授業は「正しい答え」を求めるものではなく，各自が自分の考えを持ち，それを他者と共有することが重要です。この過程を通じて，道徳的成長に課題がある子どもたちも授業の一員としての役割を果たすことができ，自己肯定感が高まるでしょう。

　また，2時間にわたる道徳科授業は，子どもたち相互の多様な生き方や価値

観を認め合う時間的余裕を生み出します。異なる背景や意見を持つ友だちの考えを聞くことで，子どもたちは多様な価値観に触れ，自分とは異なる視点を尊重する姿勢が育まれます。1時間目で与えられたテーマに対する自己の考えをまとめた後，2時間目で他者の考えを聞くことで，道徳的な視点が広がり，深く考える時間が確保されます。このように，子どもたちが自由に意見を交換し合うことで，多様性の重要性や相互理解の大切さを実感することができるのです。

　最後に，2時間道徳の構成は，子どもたちが「立派すぎて正しすぎる行為ができない自分」をまず受け入れる余裕を持つことを可能にします。道徳的に「正しい」行為をしなければならないというプレッシャーがある中で，現実にはそれができない自分に対して否定的な感情を抱く子どもたちもいます。2時間目では，その葛藤や悩みを共有する場が設けられるため，自分が完璧でなくてもよいという安心感を持ち，自分自身の弱さを受け入れる力を養うことができます。このようにして，道徳的成長が現実的で実践的なものとなり，自己受容と自己改善のプロセスが促進されるのです。

　以上のように，2時間道徳は，子どもの実態や課題に応じた柔軟で効果的な学びの場を提供し，多様な価値観を尊重しつつ，個々の成長を支える重要な手法です。

（5）子どもの心理に寄り添う側面

　五つ目の理由として，子どもの心理に寄り添う側面について述べます。子どもたちが道徳的な学びを深めるためには，単に知識を得るだけでなく，彼らの心に寄り添い，心からの納得や成長を促すことが重要です。2時間道徳の授業構成は，子どもたちが自身の感情や考えにしっかりと向き合い，道徳的成長を促進するための時間と環境を提供します。

　まず，2時間道徳の時間的なゆとりは，子どもたちの本音と本気を引き出すための重要な要素です。通常の1時間授業では，限られた時間内で道徳的価値を理解し自分の意見を表明することが求められますが，2時間授業では，じっ

くりと考え，心からの本音を出す機会が増えます。子どもたちは，自分の意見を正直に話すことができる余裕を感じることで，形式的で表面的な発言に終わるのではなく，本気で自分の考えを共有する姿勢が育ちます。建前ではなく，心からの意見や感情を引き出すことができる場があることで，授業の質が一段と向上します。

　また，2時間構成の道徳科授業は，納得したり理解したりするために必要な思考と判断の熟成のための時間を提供します。道徳的な価値観や考え方は，単に短時間で理解できるものではなく，時間をかけて内面化し，自分自身のものとして受け入れることが必要です。2時間目での深い考察や他者との対話は，子どもたちが時間をかけて道徳的諸価値を噛み締め，納得できるプロセスを提供します。この熟成時間を通じて，子どもたちは自分自身の感情や考えに向き合い，表面的な理解を超えて，価値観を実感として受け入れることができるようになります。

　さらに，2時間道徳は，子どもたちが実生活との関わりを実感しながら考える時間を持てることが特徴です。1時間目で教科書の内容や抽象的な価値を学んだ後，2時間目では，その価値を実生活に結びつけて考える機会が与えられます。これにより，子どもたちは自分の生活の中で道徳的諸価値をどのように適用すればよいのか，具体的にイメージしやすくなります。実生活との関連を意識することで，子どもたちは道徳的諸価値をより深く理解し，実際の行為に移す動機づけを得ることができます。

　また，2時間道徳は，自己のネガティブな思いや感情を見つめる時間を提供します。多くの子どもたちは，自分の弱さやネガティブな感情に向き合うことが苦手ですが，2時間にわたる授業は，自分の内面をじっくりと振り返る余裕を与えます。子どもたちは，自分が感じている不安や迷いなどのネガティブな感情を無視せず，それらを受け入れ，自分自身を理解する時間を持つことができます。この過程は，自己理解を深め，道徳的成長を促す大切な要素となります。

　さらに，2時間道徳では，無理して正しい自分や強い自分を演じなくてよい

という安心感を持つことができます。多くの子どもたちは，道徳科の授業で「正しい行動」を取らなければならないというプレッシャーを感じがちですが，2時間道徳の構成では，子どもたちが自分の弱さや欠点を受け入れ，それを共有する場が提供されます。この安心感があることで，子どもたちは無理をせず，自分らしい意見や考えを表現することができ，自然な道徳的成長を促す環境が整います。

　このように，2時間道徳の授業は，子どもたちの心理に寄り添い，彼らが心から納得し，自己成長するための重要な場を提供します。形式的で表面的な理解にとどまらず，自己の内面の本音に向き合い，自分自身の弱さを受け入れる時間があることで，道徳的な価値観が深く根付き，子どもたちの道徳的成長を支えるのです。

（6）現代社会の諸課題に関わる側面

　六つ目の理由として，現代社会の諸課題に関わる側面について解説します。21世紀の社会は，科学技術の急速な進展やデジタル化，そして社会構造の複雑化により，新たな道徳的課題が浮上しています。こうした複雑で多様な現代社会の課題に対応するためには，子どもたちが深く考え，自己の道徳観を再構築する場が必要です。2時間道徳の授業は，これらの現代的な課題に取り組むための最適な時間と場を提供します。

　まず，2時間道徳では，科学技術の発展に伴う倫理的問題について深く考える時間が確保されます。現代社会では，遺伝子操作，ロボティクス，ドローン技術などが急速に発展し，これらの科学技術が社会に与える影響や，それに伴う倫理的問題に対する判断力が求められています。2時間道徳では，これらの複雑な問題にじっくりと向き合い，科学技術の利便性だけでなく，それがもたらす社会的影響や倫理的側面を多角的に考察することができます。時間の余裕があることで，科学技術と倫理の関係をより深く掘り下げ，子どもたちは自らの価値観に基づいて判断できる力を育てることができるのです。

　また，デジタル・AI社会における倫理的課題について考える時間も増加し

ます。インターネットや AI 技術の進展は，情報の取り扱いやプライバシーの保護，デジタルディバイドなど，様々な問題を引き起こしています。特に，ソーシャルメディアの利用や個人情報の漏洩に関連する道徳的問題は，子どもたちが身近に感じる課題です。2 時間構成の道徳科授業では，これらのデジタル社会に固有の問題について，子どもたちが多面的に考える時間が確保され，より倫理的な判断を下すための基礎を築くことが可能となります。

　さらに，いじめや不登校といった現代の学校で直面する課題についても，2時間道徳は効果的に対応できます。1 時間目でいじめや不登校に関する基本的な道徳的諸価値を学んだ後，2 時間目では，具体的なケーススタディやグループ対話を通じて，自分の意見や解決策を考えることができます。時間にゆとりがあることで，子どもたちは深く考え，相手の立場に立って共感する力を育て，自分の行動にどう反映させるかを具体的に考えることができます。これにより，単なる知識習得ではなく，実生活に結びついた道徳的成長が期待されます。

　また，人間の多様性について深く考える時間も重要な要素です。2 時間道徳では，性別，民族，文化的背景，LGBTQ+ といった多様なアイデンティティや価値観に関するテーマにじっくりと取り組むことが可能です。子どもたちは，多様な生き方や価値観に触れ，それらを尊重することの大切さを理解する機会を得ます。1 時間目で多様性について学び，2 時間目でそれを実際の生活にどう生かすかを考えることで，他者理解や相互尊重の意識を深めることができます。

　最後に，コロナウイルス感染症の影響を受けた社会において，感染予防などの新しい社会のルールについても深く考える時間を持つことができます。コロナ禍を経て，社会は新しい衛生観念や行動規範を取り入れる必要に迫られました。2 時間道徳の授業では，感染予防のためのルールを守ることの意義や，個人と社会の健康のバランスを考える場が提供されます。このような新しい社会の課題に対して，道徳的な思考を持つことは，未来の社会に貢献するための重要な力となります。

　このように，2 時間道徳は，現代社会の複雑な問題に対応するための時間と

場を提供し，子どもたちが深く考え，実践に結びつけるための効果的なツールです。科学技術，デジタル社会，いじめ，不登校，多様性，そして新しい社会のルールといった課題にじっくりと取り組むことで，子どもたちは現代社会における道徳的な判断力を養い，将来の社会に貢献する力を身につけていくのです。

3．2時間道徳に関わる教育行政の動向，先行研究及び実践の整理と本書の提案の独自性

　それでは，これまでの2時間道徳に関わる教育行政の動向，そして先行研究及び実践の提案を歴史的に整理しながら，本書で提案する2時間道徳の15個の実践タイプがどのような独自性を持つのかを価値付けてみたいと思います。

　まず，教育行政の動向として，わが国の学習指導要領には，いつの時期から2時間道徳に類似した複数時間にわたる道徳の授業の提案がなされたのかを見てみましょう。

　道徳の時間に関わって，歴史的に最初に2時間道徳に類似する「複数時間」という用語が正式に小学校学習指導要領解説道徳編に記載されたのは，平成11年度版からです。そこでは，「中心的な資料に他の副次的な資料を関連させて用いていく進め方，中心的な資料を基に数時間かけて深めていく進め方」という表現により，2時間道徳を含む複数時間にわたる道徳の授業が推奨されています（p.75）。

　そして，この次の改訂となる平成20年度版の小学校学習指導要領解説道徳編においては，より積極的な解説が加えられていて，以下のように，「複数の時間の関連を図った指導の工夫」という記述が見られるようになっています。

　(6)　複数時間の関連を図った指導を取り入れる
　　道徳の時間は，一般的に一つの主題を1単位時間で取り扱うが，内容によっては複数の時間の関連を図った指導の工夫などを計画的に位置付けて行うこ

とも考えられる。 例えば，一つの主題を2単位時間にわたって指導し，道徳的価値の自覚を一層深める方法，重点的指導を行う内容を複数の資料による指導と関連させて進める方法，中心的な資料を軸にして複数単位時間を計画して進める方法など，様々な方法が考えられる。特に，主題や資料の内容等が深まり，複雑になる高学年の段階からは，主題や資料等の性格に基づき，工夫を図ることが大切である。

（小学校学習指導要領解説道徳編，平成20年，p.70）

さらにその次の改訂がなされた平成29年の小学校学習指導要領では，道徳の時間が「特別の教科 道徳」となり，解説ではなく学習指導要領本体において，下記の通り複数時間にわたる授業づくりが明確に提唱されるようになりました。

第3 指導計画の作成と内容の取扱い

1 各学校においては，道徳教育の全体計画に基づき，各教科，外国語活動，総合的な学習の時間及び特別活動との関連を考慮しながら，道徳科の年間指導計画を作成するものとする。なお，作成にあたっては，第2に示す各学年段階の内容項目について，相当する各学年においてすべて取り上げることとする。その際，児童や学校の実態に応じ，2学年間を見通した重点的な指導や内容項目間の関連を密にした指導，一つの内容項目を複数の時間で扱う指導を取り入れるなどの工夫を行うものとする。

（小学校学習指導要領，平成29年，p.170）

このようにして見てみると，文部科学省では，今から四半世紀も前から，2時間道徳を含むと考えられる「複数時間」，あるいは，「複数の時間で扱う指導」を推奨してきたことがわかります。

ただしこれらの教育行政による指導の工夫の提案は，あくまでも例示として少数のアイデアが記載されているだけであり，本書で提案する15個の実践モ

デルといった理論体系を持つものではありません。しかし例えば，「道徳的価値の自覚を一層深める」や，「複数の資料による指導」「中心的な資料を軸にして進める方法」といった実践のアイデアは，本書でこれから提案する15個の実践モデルとも類似性が高いものですから，本書の実践モデルの提案は学習指導要領とその解説が持つ法的根拠をふまえた指導につながるものであるといえるでしょう。

　次に，道徳教育を専門とする研究者による理論提案において，複数時間による指導の工夫はどのようにして提唱されているでしょうか。

　一つ目に引用するのは，荒木紀幸（2017）が提唱する「モラルジレンマ教材」を用いた「1主題2時間の授業過程」です（初出は，荒木紀幸著『道徳教育はこうすればおもしろい』北大路書房，1988，pp.27-31）。その理論的な基本型の特徴は，以下のように示されています。

　1　主題2時間の授業過程による基本授業モデル
　（第1次）
・モラルジレンマの提示
・状況の共通理解と道徳的葛藤の明確化
・主体的な価値選択（第1回の判断・理由づけ）
　（第2次）
・道徳的葛藤の再確認
・自己の価値選択の再確認と他者の価値選択の検討
・自己と他者の考え方の相互批判・吟味
　（ディスカッション1）
・自己と他者の考え方の相互の練り合わせ
　（ディスカッション2）
・主体的な価値選択（第2回の判断・理由づけ）

（荒木，2017，pp.13-14）

このような2時間構成による道徳科の授業づくりによって，子どもたちの道徳性の発達を促すとともに，道徳的感受性を高め，お互いの人格を尊重する自尊感情を育てることをねらいとして，数多くのモラルジレンマ教材を開発し，授業を通して実践・実証している。

こうしたモラルジレンマ教材を用いた2時間構成の道徳科授業は，多くの検証授業で子どもたちの白熱した討論を呼び起こし，現行の学習指導要領が提唱する「考え，議論する道徳」への転換をもたらす画期的な提案であるといえます。

しかし，モラルジレンマ授業が提唱する「対立する2つの価値からの主体的な価値選択」という活動原理は，第3章で提案する15個の実践モデルの11番「1時間目は教科書教材を用いて道徳的価値とその行為のよさについて考え，2時間目ではその価値を実践しないときに発生する反価値の実践が引き起こす状況の特徴と問題点，改善点について考える。」に近いものですが，本書では他にも大切な14個の2時間道徳の実践モデルが大切であることを提案しています。

モラルジレンマ教材による道徳科授業は，一定の必要性と効果を持つ優れた授業モデルの提案として高く評価すべきものですが，子どもの心理特性や教育的価値の多様性をふまえた上で，さらに，子どもたちによる「道徳的実践週間」や主体的な探究活動の大切さ，「読んで考える道徳から道徳物語を書いて提案する道徳」への転換，さらに，道徳力のセルフアセスメントやゲストティーチャーとの対話の導入など，教科書教材に基づくこれからの道徳科の授業づくりにおいて，より広範囲での2時間道徳の多様な実践モデルが必要になっているといえるでしょう。

二つ目に引用するのは，田沼茂紀（2022）による「パッケージ型ユニット」によるカリキュラム構成の提案です。

パッケージ型ユニットとは，道徳科の年間35時間を一の大単元として構成し，その中に学期ごとの中単元，そしてその中に複数時間からなる小単元（unit）を設定するという，「入れ子構造」による年間カリキュラムのことです。

これにより，複数の道徳的価値を相互に関連付けて学ぶことを可能にし，子供の道徳的日常生活に即したカリキュラム・プランとなるというわけです。

逆にいえば，「1主題1単位時間」というこれまでの慣習であった小単元は，必要であれば適宜設定するという発想に基づいていることがユニークな提案となっています。

また，より具体的には，このパッケージ型ユニットには，学習ストーリーの構成の在り方によって，①重層型ユニットタイプ，②連結型ユニットタイプ，③複合型ユニットタイプに分かれます。

この提案は，田沼が指摘する通り，確かに「無理のない理想的な姿」かもしれませんが，現行の道徳科に与えられた35時間という時間的制約と，主たる教材として扱う教科書の活用義務，そして，20個近くある内容項目の多さを考えると，現実的なカリキュラム構成論とはいえないでしょう。ただし，時間的制約をなくして70時間の時間的保障を道徳科に与えられる時代が来れば，パッケージ型ユニットは，次世代の道徳科のカリキュラム編成原理になりうる将来性のある優れたモデルであると考えられます。

その意味で，本書で提案する15個の2時間道徳の実践モデルは，現行の制約と条件のある道徳科の中で応用可能な複数時間による指導の工夫なのです。しかし，「特別の教科　道徳」の基での道徳科カリキュラムは，ほぼどの学校でも「1内容項目・1時間・1教材」というトリプルワンの原理で編成・実施されているのですから，筆者の提案する15個の実践モデルを活用して，子どもたちが主体的に深く考え高い実践意欲を持つことができる道徳科の授業を実践することがまず大切であることを主張していきたいと考えます。

三つ目に検討したいのは，押谷由夫（1994）が提唱する，「総合単元的な道徳学習」です。

総合単元的な道徳学習とは，「経験単元，教材単元を総合的に捉え，各教科や特別活動等の各教育活動の特質を生かしながら，共通した道徳的価値に関する学習内容について，道徳の時間を中心に，有機的なまとまりをもたせた学習活動を計画すること」と定義しています。つまり，今日でいうところの「教科

等横断的なカリキュラム」を道徳の時間を中心において編成することの大切さを指摘しているのです。

では，この総合単元的な道徳学習のためのカリキュラムにおいては，道徳の時間（当時）を何時間位置付けるべきであると提案されているでしょうか。

まず，押谷は同じ著書の中で，「総合単元的な道徳学習を10時間構成で考えると，道徳の時間はそのうちの一時間か二時間ということになろうかと思いますが，その部分を中心として単元構成をしてほしいのです。」（p.156）と述べています。

さらに別の章では，総合単元的な道徳学習において，道徳の時間だけを中心にして単元を計画した場合には，「新しい指導要領では，内容項目が精選されているわけですから，一つの内容項目に対して，複数時間の指導を行えます。その部分の三回なり四回なりの指導を一つの単元として考えるわけです。」と述べています（p.146）。

そのための具体的な方法として，次のような6点を提案していることが参考になります（pp.180-181）。

① 資料を離れて自分の生活を振り返る
② 資料に描かれるような場にあなたがいたらどうなるのだろうかとか考えさせる
③ 主人公に手紙を書いてみようとか，逆に主人公が今のあなたに手紙を書くとすればどう書くだろうかとかを考えさせる
④ 違った状況が描かれている補助教材を使って子どもたちがより深く道徳的価値を考えられるようにする
⑤ 資料の中で描かれる状況を少し変えて，こういう状況であれば，主人公はどう行動しただろうかを考えてみる
⑥ 資料の続きを考えてみる

大変興味深いことに，本書で提案している15個の2時間道徳の実践モデルは，上記の押谷が提唱する複数時間にわたる道徳学習の6つの方法をすべて含んでいます。その意味で，押谷がすでに1994年時点でまだ「特別の教科 道徳」

も設置されていない状況で，なおかつ文部科学省検定済教科書も発行されていない時期に，複数時間にわたる指導の在り方を6つも提案していたことは，氏の先進的な理論提案に敬服せざるをえません。

　では最後に，実践家の授業を通した提案を2つ見てみましょう。理論研究だけでなく，実際の子どもを前にした授業を通して，2時間道徳の価値や効果をどのように捉えているかを検討することにより，2時間道徳の在り方や意義を深く考えることができるからです。

　一つ目に紹介したいのは，秋田大学教育文化学部附属中学校教諭の佐藤優子・真崎敦史ら（2014）による「1主題2時間」による道徳の時間の研究授業の提案です。なお，この論文には執筆分担箇所が明示されていないため，共著者である秋田大学の紺野祐及び渡辺智一の見解が以下の引用に含まれている可能性があります。

　この論文では，2時間構成による道徳の授業の効果を，次のような2点で示しています。

① 　生徒の主体性を大切にした自然な学習過程

② 　十分な時間の確保

　さらにその理由として，「ひとつの主題を2単位時間かけて取り組む道徳の時間は，児童生徒が思考する時間を確保し，道徳的な価値に対する児童生徒の内面的な自覚をいっそう深めていくことに有効なはずである．また1主題2時間での取り組みは，児童生徒どうしの話合いの時間を確保することができ，その意味で他者の多様な考えから自身の既存の道徳的価値の再構築や変容を促すことにとっても有効であると考えられる．」と述べています（p.112）。

　こうした実際の授業実践を通して認めた2時間道徳の価値を，筆者らはこの論文で，新たな研究授業を通してその実効性を確認しています。

　その研究授業では，ある実在の公立中学校の部活について取材した新聞記事を教材にして，1時間目には記事に書いてあるバレー部の複雑な人間関係を主体的に読解する学習を行い，2時間目には1時間目に生徒から出た疑問と関連付けて，「バラバラの目標や考えをもった部員たちが『バレーを楽しむ』ため

第1章　2時間道徳とは何か，なぜ必要なのか　**23**

にどんなことが必要か」という主発問により積極的なグループ対話を行わせています。この授業の主題は，「集団の意義」です。

　その結果，「2単位時間構成のそれぞれの時間で，生徒たちに共感的な関わり合いを深めるような話し合い活動が満足のいくレベルで行われたと評価できる」と実践の成果を述べています（p.118）。

　この研究授業の特徴は，本書で提案している実践モデルの1番「1時間目は教科書教材に沿って考え（習得），2時間目は身近な題材を自分事として捉える。（活用）」に位置付けられるでしょう。もちろん，この研究授業では教科書教材ではなく新聞記事を用いていますが，1時間目は主教材の主体的な読解を行い，2時間目に教材の中の道徳的問題を自分事として主体的に考えるという点においては同類のものです。

　その意味で，この研究授業の在り方は，本書の提案に十分位置づくものであり，深い教材研究や発問構成の在り方も相まって，大きな成果を上げられたことに敬意を表したいと思います。

　次に取り上げたいのは，東京学芸大学附属小金井小学校教諭の遠藤信幸（2022）による研究授業の特徴と成果についてです。

　遠藤は，光村図書の小学校6年の教科書教材「最後のコンサート－チェロ奏者・徳永兼一郎」を用いて，主たる内容項目を「生命の尊さ」にして，さらに関連する内容項目を「よりよく生きる喜び」にして，2時間構成での道徳科の授業を実践しその成果を同論文で報告しています。

　この授業のそれぞれの時間での授業のねらいは次のようになっています。

　（1時間目のねらい）内容項目　生命の尊さ

　「精一杯生きる」という意味について自分の考え方を見つめ，教材の人物の生き方が「精一杯生きている」ことになるかどうか判断する。

　（2時間目のねらい）内容項目　よりよく生きる喜び

　　人物の生き方を通して，精一杯生きるとはどういったことであるのか，自分はこれからどうしていくのかなどを考え，自他の命を大切にし前向きに生活していく心情を育てる。

さらに実際の実践においては，1時間目と2時間目の間に主体的な調べ学習の機会を教師から提案して，2時間目の話し合い活動に深い気づきを生かす配慮をしています。

　実践の成果として授業者は，「同じ教材と道徳的価値で2時間の授業を設計したことにより，児童は教材と道徳的価値のそれぞれについて考えを深めることができる。「生命の尊さ」の価値に内在する他の道徳的価値についても考えを広げることができた。」とまとめています。

　本書で提案している15個の実践モデルに位置付けてみると，この研究授業は，3番の「1時間目は主となる内容項目から考え，2時間目は副となる複数の内容項目を関連付けて考える。」と，12番の「1時間目は教科書教材に基づいてディスカッションをして，2時間目にミニ探究活動として自分の道徳的な問いに基づいて調査活動を行い具体的なエビデンスに基づく道徳的な判断を交流し発表する。」とを組み合わせた実践になっていると考えられるでしょう。

　この研究授業でも，先に紹介した研究授業と同じく，2時間構成による道徳の授業展開によって，時間的なゆとりと児童生徒の主体性が生み出されることが，道徳的諸価値の深い理解につながっていることが読み取れます。

　以上のように先行する理論提案と実践提案を検討すると，本実践の独自性と教育的意義を次のように整理することができます。

【15個の実践モデルからなる2時間道徳の独自性】

① 　多様な教育的配慮に基づいて実践モデルが作られている
② 　多様な方法を含む総括的な実践モデルを提供している
③ 　35時間という年間授業時数の制約の中で実践可能である
④ 　大規模な教科横断的なカリキュラム編成を必要としない
⑤ 　多様な選択肢から必要なモデルを選択できる可塑性をもつ

　以上の先行研究の検討と考察により，2時間単元による道徳授業の15個の実践モデルは，学習指導要領がこれまで示してきた複数時間による指導の工夫

という法的根拠と相まって，これからの道徳科の効果的な指導の工夫として有力な提案をしていることが示されたと考えます。

【引用文献】

田沼茂紀（2022）『道徳科教育学の構想とその展開』北樹出版

遠藤信幸（2022）「複数時間で展開する道徳科授業に関する一考察」

『令和4年度研究委員会「道徳アーカイブ事業」実践事例採用論文』日本道徳教育学会

荒木紀幸編（2017）『考える道徳を創る　小学校　新モラルジレンマ教材と授業展開』明治図書出版

佐藤優子・真崎敦史・紺野祐・渡辺智一（2014）「1主題2時間連続で取り組む『道徳の時間』の指導に関する研究」『秋田大学教育文化学部教育実践研究紀要』第36号

押谷由夫（1994）『道徳教育新時代　生きる喜びを子どもたちに』国土社

【参考文献】

田中博之・梅澤泉・彦田泰輔『道徳ツールとアクティビティでできる「考え，議論する」道徳ワークショップ』明治図書出版，2018年

田中博之「withコロナ時代の学びを創る：感染症予防教育のすすめ」『時報市町村教委』289号，全国市町村教育委員会連合会，2020年，pp.2-4

田中博之「アクティブ・ラーニングによる教科等横断的な学び：感染症予防教育のすすめ」『教育展望』66(5)号，教育調査研究所，2020年，pp.11-16

田中博之「学校教育の視点から：感染症予防教育のすすめ」『月刊福祉』104(3)号，全国社会福祉協議会，2021年，pp.46-49

第2章

子どもの道徳的成長と
道徳的資質・能力の検討

1. 子どもの道徳的成長とは

　本書では，2時間道徳の授業づくりを通して促進される子どもの道徳的成長という新しい考え方を提案し，その具体的な項目と内容を明らかにしていきます。

（1）道徳的成長の具体的な項目

　子どもの道徳的成長として求められる項目は，次のような8領域になることを本書では提案します。1時間道徳では教科書教材の表面的な読みでとどまることが多いのですが，2時間単元で道徳科の授業を構成することで，多様な側面から子どもたちの成長を期待することができます。

【子どもの道徳的成長の項目】
① 道徳的な問いの探究意欲と主体性の向上
• 主体的に学習に取り組む態度の形成

- 道徳的諸価値について探究しようとする意欲の向上
- 道徳的な問いを持ち解決しようとする主体性の向上

② 深い学びの実現

- 多面的・多角的な視点からの思考力の向上
- 批判的思考力の向上
- 問題解決力の向上

③ 自分事としての道徳的思考の充実

- 自己の価値観の明確化
- 自分自身の行動と道徳的諸価値の関連付け
- 自己反省と自己改善の習慣の形成

④ 道徳的実践力の向上

- 実生活での道徳的行為の実践
- 他者への配慮と共感の醸成
- 社会的責任感の育成

⑤ 道徳的諸価値の内面化

- 基礎的な道徳的諸価値の理解と内在化
- 道徳的諸価値の多面的な理解
- 道徳的行為に関するメタ認知力の向上

⑥ 言語力と表現力の向上

- 道徳的諸価値と道徳的思考の言語化
- 自己表現力の向上
- 他者との対話力の向上

⑦ 多様な価値観の理解と尊重

- 異なる視点や立場，価値観の尊重
- 多文化理解と共生意識，多様性尊重の醸成
- 協働力の育成

⑧ 道徳的な自己評価と自己改善

- 自己成長の自覚と自己評価力の向上

- 建設的なフィードバックの受容と活用
- 生涯にわたる道徳的素養の確立

（2）道徳的成長の具体的な内容

　では，これらの項目について，それぞれの特徴を詳しく解説していきましょう。

① 道徳的な問いの探究意欲と主体性の向上

　道徳的成長の一つ目のカテゴリーは，「道徳的な問いの探究意欲と主体性の向上」です。このカテゴリーは，子どもたちが主体的に道徳的諸価値を探究する力を育むことに焦点を当てています。まず，子どもたちは自ら学びに向き合い，積極的に取り組む姿勢を養います。これは，単に教師から与えられた課題をこなすだけでなく，自分の内面にある価値観や信念について深く考え，自ら道徳的な課題に向き合う姿勢を意味します。さらに，道徳的諸価値について考え，探究する意欲が高まることで，子どもたちは問題の本質を見抜き，多面的に価値観を探究しようとする力を身につけます。この過程で，彼らは自分自身で問いを立て，その問いに対して自ら解決策を見出そうとする主体性も育まれます。道徳的成長とは，外から押し付けられるものではなく，内から湧き上がる意欲と主体的な行為によって実現されるのです。

② 深い学びの実現

　「深い学びの実現」は，道徳的成長の中でも重要なカテゴリーであり，子どもたちが物事を多面的・多角的に捉え，深く考える力を養うことを目指します。まず，多様な視点から物事を考えることで，単純な二元論ではなく，複数の価値観や立場を理解する力が育まれます。これにより，子どもたちは社会や人間関係の複雑さを受け入れ，幅広い視点から問題を考えることができるようになります。また，批判的思考力の向上は，道徳的諸価値や行為について深く問い直し，社会通念や慣習を形式的に信頼せずに自分の考えを主体的に持つ姿勢を促します。この力は，自分や他者の行為を評価し，よりよい選択を導き出すために必要です。さらに，こうした思考力を基に，子どもたちは現実的な問題に対して解決策を見出し，実践に結びつける力，すなわち問題解決力を育成しま

す。深い学びは，こうした能力の統合によって初めて実現されるのです。

③ 自分事としての道徳的思考の充実

「自分事としての道徳的思考の充実」は，子どもたちが道徳的な問いを自分自身に引き寄せて考える力を育てるための重要なカテゴリーです。まず，自己の価値観を明確化することで，子どもたちは自分の中にある道徳的な信念や基準を認識し，それがどのように形成されてきたのかを理解するようになります。この自己認識は，彼らが他者と向き合う際に自信を持ち，自分らしい判断を下す力を養います。また，子どもたちは自分自身の行動を道徳的諸価値と関連付け，日常生活の中で自分がどのように道徳的な判断を下しているかを意識するようになります。これにより，道徳は単なる知識としてではなく，自分の行動に直結するものとなり，行動の背後にある価値観を理解する力が深まります。さらに，自己反省と自己改善の習慣を形成することで，子どもたちは自分の過去の行動を振り返り，どのように改善すべきかを考えるプロセスを繰り返すようになります。この習慣が，彼らの道徳的成長を支える基盤となるのです。

④ 道徳的実践力の向上

「道徳的実践力の向上」は，道徳的思考を行動に移し，実生活でその価値を具現化する力を育むカテゴリーです。まず，子どもたちは学んだ道徳的諸価値を日常生活で実践する力を身につけます。これにより，学校や家庭，友人関係の中で，単なる理論ではなく，現実的な場面で具体的な行動として表現できるようになります。道徳的行為を日々の生活で繰り返し実践することで，その価値が自分自身の中に根付いていきます。さらに，他者への配慮と共感を深めることは，道徳的実践の核心です。他者の立場や感情を理解し，共感する力を育むことで，子どもたちはより人間関係を豊かにし，他者と協力して生きていく力を養います。これにより，周囲の人々に対する思いやりや優しさが行動として表れ，共感が社会的な絆を強化します。そして，社会的責任感の育成も重要な要素です。自分だけでなく，社会全体の一員としての役割を自覚し，社会に貢献する行動を取ることができるようになります。この責任感が，よりよい社会を創る原動力となり，道徳的実践力の向上へとつながるのです。

⑤ 道徳的諸価値の内面化

　「道徳的諸価値の内面化」は，子どもたちが道徳的諸価値を単なる知識としてではなく，内面的な信念や行動原理として自分の中に取り込む過程を指します。まず，基礎的な道徳的諸価値の理解と内在化が進むことで，子どもたちは社会で共有される基本的な道徳的ルールや道徳的原則を深く理解し，それを自分自身の行動指針として受け入れるようになります。これにより，道徳的な判断をする際に，外部からの強制ではなく，自らの内なる基準に基づいて行動することができるようになります。また，道徳的諸価値の多面的な理解は，複雑な社会において様々な価値観や状況を考慮する能力を養います。子どもたちは，単一の価値観に縛られるのではなく，異なる視点から道徳的問題を捉え，多角的に考える力を身につけます。最後に，道徳的行為に関するメタ認知力の向上は，自分がどのように道徳的な決断を下し，その行動がどのような影響を与えるかを自覚する力です。この力を高めることで，子どもたちは自分自身の道徳的行動を振り返り，改善するための自己調整が可能になります。道徳的諸価値の内面化は，こうしたプロセスを通じて深まっていくのです。

⑥ 言語力と表現力の向上

　「言語力と表現力の向上」は，道徳科教育において，子どもたちが自分の道徳的な考えや価値観を効果的に言語化し，他者と共有できる能力を育むことに焦点を当てたカテゴリーです。まず，道徳的諸価値や思考を言語化する力は，自己の内面にある道徳的な判断を明確にし，他者に伝えるための重要なスキルです。自分の考えを言葉にする過程で，子どもたちは道徳的な問題を整理し，より深い理解を得ることができます。このプロセスは，彼らの道徳的成長を促進するだけでなく，他者との共有を通じて新たな視点を得る機会にもなります。さらに，自己表現力の向上は，自分自身の道徳的な考えや価値を，周囲の人々に対して効果的に表現できる能力です。これにより，子どもたちは自分の意見を，自信を持って伝え相手に納得してもらえるような論理的な表現力を養います。最後に，他者との対話力の向上は，異なる価値観や考え方を持つ人々との意見交換を通じて，相互理解を深める力です。対話を通じて，子どもたちは他

者の意見を尊重しつつ，自分の立場を明確にし，建設的な議論を行うことができるようになります。言語力と表現力の向上は，道徳的成長を外に向けて表現するための重要な要素となります。

⑦ 多様な価値観の理解と尊重

　「多様な価値観の理解と尊重」は，子どもたちが異なる価値観や立場を受け入れ，共存しながら道徳的に成長していくための重要なカテゴリーです。まず，異なる視点や立場，価値観を尊重することは，子どもたちが他者との違いを認識し，その違いを批判するのではなく理解し，受け入れる力を育むことを意味します。これにより，対立を乗り越え，多様な考え方を持つ他者と円滑に関わることができるようになります。次に，多文化理解と共生意識，多様性尊重の醸成は，グローバル化した現代社会において不可欠な資質です。子どもたちは，異なる文化背景や信条を持つ人々との関わりを通じて，多様な価値観を尊重することの大切さを学びます。このプロセスを通じて，共生意識を育み，社会の一員として多様な人々とともに生きる力が強化されます。最後に，協働力の育成は，チームやグループでともに働き，他者と協力して目標を達成するための能力です。他者の意見を尊重しながら，自分の意見を述べ，協力して課題を解決することができるようになることで，社会的な協力関係が深まり，共生社会に貢献できる人材へと成長します。

⑧ 道徳的な自己評価と自己改善

　「道徳的な自己評価と自己改善」は，子どもたちが自己の道徳的成長を客観的に捉え，さらに成長し続けるための重要なプロセスです。まず，自己成長の自覚と自己評価力の向上により，子どもたちは自分がどのように道徳的な行動や判断を進化させてきたかを理解し，それを振り返ることで自己の進歩を評価する力を養います。この自己評価は，他者の評価に頼るだけではなく，自らの視点で成長を確認するための重要なステップです。次に，建設的なフィードバックを受容し，それを活用する能力は，自己改善を促す鍵となります。教師や友人からのフィードバックを前向きに受け入れることで，自分の行動を見直し，改善するための具体的な方法を見つけることができます。これにより，子

どもたちは道徳的成長をさらに深化させることができるのです。最後に，生涯
にわたる道徳的素養の確立は，子どもたちが学校を超えて社会に出ても，道徳
的な価値観を持ち続け，自己改善を繰り返す力を育むことを意味します。この
力が，彼らが成人しても道徳的な判断を下し，持続的な成長を続ける原動力と
なるのです。

2. 道徳的資質・能力の検討

では次に，子どもの道徳的成長によりどのような道徳的資質・能力が育つこ
とが期待されるかについて考えてみましょう。

（1）学習指導要領で設定すべき道徳的資質・能力とは

道徳的資質・能力を，次のような3領域13項目で考えてみましょう。

【道徳的資質・能力の項目】
1）領域1：知識及び技能
　① 基本的な倫理観と社会規範の理解
　　• 道徳的諸価値と関連する法律やルールの知識
　　• 多様な社会的背景に適応したマナーやエチケットの理解
　　• 社会における責任ある行動の理解
　　• 自己の行動が他者や社会に与える影響の理解
　② 文化・宗教・多様性に関する知識
　　• 異文化理解の基礎知識
　　• 世界の宗教や文化の多様性に関する知識
　　• 多様な価値観やライフスタイルに関する情報
　③ 道徳的諸価値の深い理解
　　• 道徳的諸価値の項目内容と必要性の理解
　　• 個人の尊厳や権利を尊重するための基礎的な人権に関する知識

- 道徳的諸価値の相互関係とその具体的な適用
④ 科学技術と倫理の関係性と相反性の理解
- 科学技術とその活用における道徳的責任について理解する
- インターネットやSNSの使用に伴う倫理的な問題を理解する
2）領域2：思考力・判断力・表現力
① 批判的思考力と問題解決能力
- 問題状況を分析し，適切な解決策を見つける能力
- 問題の再定義と多様な解決策を生み出す力
- 論理的・創造的な思考過程を通じて多角的に考える力
② 道徳的な判断力と意思決定力
- 道徳的ジレンマに対する判断力の育成
- 多面的・多角的な視点からの判断と意思決定
- 個人的価値観と社会的価値観のバランス
- 複数の解決策を比較検討する力
- 長期的影響と短期的影響を考慮する意思決定力
③ 表現力とコミュニケーション能力
- 自分の考えや価値観，立場を明確に伝える能力
- 建設的な対話と異なる意見に対する柔軟な対応力
- 対立する意見の調整力と合意形成
3）領域3：学びに向かう力，人間性
① 共感力と対人関係能力
- 他者の感情や視点を理解し，共感する能力
- 良好な対人関係を築くためのコミュニケーション力
- 共感から行動へとつなげる力
② 自己認識と自尊心の育成
- 自分自身の価値を認識し，自尊心を持つ
- 他者からのフィードバックを受け入れ，成長につなげる
- 自己肯定感の健全な発達と他者肯定のバランス

- 挑戦への意欲と挫折への対応力
③ 社会的責任感と公共心の育成
- 社会参加を通した地域社会への貢献活動への意欲
- 環境保護や持続可能な発展に対する関心
- グローバル社会における公共心と責任感
- オンラインメディアの適切な活用の態度
④ 個性と多様性の尊重
- 一人一人の人間の価値と個性の尊重
- 人間や文化の多様性の尊重
- 他者の個性を認め，その成長を支援する力
⑤ 道徳的実践意欲の向上
- 道徳的で適切な行為を実践し社会をよくしようとする意欲
- 日常生活の中で，自分を道徳的に成長させようとする意志
- 日常生活の中で，具体的な道徳的行為を実践しようとする意欲
- 道徳的諸価値の内面化を図り習慣化しようとする態度
⑥ 自律と自己マネジメントへの意志と態度
- 節度と節制を通して健全な生活を送ろうとする態度
- 自ら進んで取り組み，他者の模範になろうとする意欲
- 自分の夢や希望を持ち，それを実現しようとする態度

　これらの資質・能力は，具体的な活動や実践を通じて育むことが重要です。道徳科教育では，理論だけでなく，実際の生活や社会の中での応用を重視した教育が求められます。
　なお，現行の学習指導要領の道徳科では，「特別の教科　道徳」が設定された時期が現行の学習指導要領の改訂前であったため，3領域での資質・能力は明示されていません。したがって，次期改訂にあたっては，これらの項目を参考にしてその多くが記載されることを期待したいと思います。

（2）道徳的資質・能力の特徴の解説

それでは，各領域の特徴について，詳しく見てみましょう。

1）領域1：知識及び技能

道徳的資質・能力の領域1「知識及び技能」では，まず基本的な倫理観や社会規範の理解が不可欠です。これは，法律やルールに関する知識とともに，社会の一員として責任ある行動を取るために必要なものです。道徳的諸価値と法的規範がどのように関連し，互いを補完し合うのかを理解することで，子どもたちは自己の行動が社会全体に及ぼす影響を考える力を養います。特に，現代社会では，多様な背景を持つ人々との共存がますます重要視されており，そのために社会的なマナーやエチケットも柔軟に適応させる能力が求められます。

次に，文化・宗教・多様性に関する知識の獲得が挙げられます。異文化や異なる宗教についての基礎知識を持つことは，他者の価値観やライフスタイルを尊重する姿勢を育む上で不可欠です。日本国内だけでなく，国際社会との接触が増えている現代において，グローバルな視点で物事を捉えることが重要です。このような理解を基盤に，子どもたちは多様な価値観と向き合い，尊重し合うコミュニケーションを行えるようになります。

さらに，道徳的諸価値を深く理解することは，社会での責任ある行動につながります。道徳的諸価値の相互関係を理解し，個々の価値がどのように他者や社会に影響を与えるかを知ることで，より複雑な道徳的な問題にも対処できる力が身につきます。特に，個人の尊厳や人権に関する知識は，社会的に成熟した人格を形成する上で欠かせません。道徳的諸価値をバランスよく適用することは，多様な場面で適切な判断を下す基盤となります。

最後に，現代の技術革新に伴い，科学技術と倫理の関係性についての理解も重要です。インターネットやSNSをはじめとする科学技術の利用に伴う道徳的責任について考えることで，子どもたちはその利便性だけでなく，それに伴うリスクや倫理的課題にも敏感になり，責任ある行動ができるようになります。

第2章　子どもの道徳的成長と道徳的資質・能力の検討　**37**

2）領域2：思考力・判断力・表現力

　道徳的資質・能力の領域2「思考力・判断力・表現力」では，まず批判的思考力と問題解決能力が重要です。子どもたちが直面する道徳的な問題は，単純な答えがない場合が多く，そのため問題状況を多面的・多角的に分析し，多様な解決策を見つけ出す力が求められます。問題を再定義し，複数の視点から新たな解決策を導き出す能力は，現代社会において必要不可欠です。このプロセスを通じて，論理的でありながらも創造的な思考が培われ，子どもたちは柔軟で持続可能な解決策を探究できるようになります。

　次に，道徳的な判断力と意思決定力が挙げられます。日常生活や社会で直面する道徳的ジレンマに対処するためには，価値観の対立や葛藤を理解し，判断を下す力が重要です。複数の視点や要因を考慮し，個人的な価値観と社会的な価値観のバランスを保ちながら適切な判断を行う力は，子どもたちが社会的に成熟した行動を取るための基礎となります。短期的な利益だけでなく，長期的な影響を見据えた意思決定をすることで，より広い視野から倫理的な行動が可能となります。また，複数の解決策を比較・検討するプロセスを通じて，批判的な思考が養われ，子どもたちは道徳的に深い選択を行えるようになります。

　さらに，表現力とコミュニケーション能力も重要です。自分の考えや価値観，立場を他者に明確に伝える能力は，道徳的な学びの一環として不可欠です。特に，多様な価値観や背景を持つ他者との対話を通じて，異なる意見に対して柔軟に対応する力が養われます。この過程では，対立する意見を調整し，合意形成を図る力も重要です。多様な他者と建設的な対話を重ねることで，子どもたちは道徳的な問題に対して共感を深め，他者と協力しながらよりよい解決策を見つけ出す力を養うことができます。これにより，単なる知識の習得にとどまらず，コミュニケーションを通じて自己と他者の成長を促す道徳科教育が実現します。

3）領域3：学びに向かう力，人間性

　領域3「学びに向かう力，人間性」では，共感力と対人関係能力が重要な役割を果たします。多様性を持つ他者の感情や視点を理解し，共感することで，

良好な対人関係を築く力が養われます。共感は他者理解の基盤であり，単なる感情の共有にとどまらず，他者の立場に立った行動へとつながります。この力は，日常生活だけでなく，社会の中で他者と協力し，ともに成長するために必要不可欠な能力です。

　次に，自己認識と自尊心の育成も重要な要素です。自己の価値を正しく認識し，健全な自尊心を持つことで，他者のフィードバックを受け入れ，自分をさらに道徳的に成長させる力が育ちます。特に，自己肯定感と他者肯定のバランスを保つことが，挑戦に向かう意欲や挫折から立ち直る力を育てる基盤となります。自尊心の育成は，自己の内面的な成長を促し，周囲との関係の中でポジティブな影響を与える行動へとつながります。

　社会的責任感と公共心の育成は，個々の子どもたちが社会の一員として成長するための基礎となります。地域社会への貢献や環境保護への関心を持ち，持続可能な発展に向けて行動する意欲が培われます。また，現代のグローバル社会では，オンラインメディアの適切な活用や，公共の利益を優先する倫理的な判断が必要とされています。子どもたちは，こうした社会的な役割を認識し，責任ある行動を取る力を身につけることで，健全な市民として成長します。

　さらに，個性と多様性の尊重も欠かせません。一人ひとりの価値や個性を認め，多様な人間や文化を尊重することが，他者理解の深化につながります。他者の個性を認め，その成長を支援することで，ともに成長する姿勢を持つことができ，協働的な道徳的成長が促進されます。これに加え，道徳的実践意欲の向上や自律と自己マネジメントの意志も重要です。日常生活の中で自ら道徳的行為を実践し，自己管理や自己成長を目指すことで，子どもたちは道徳的な価値観を内面化し，社会に貢献する力を養います。

【参考文献】

田中博之「道徳科のカリキュラム編成」田中博之著『改訂版カリキュラム編成論』放送大学教育振興会，2017 年，pp.308-327

田中博之『「主体的・対話的で深い学び」学習評価の手引き』教育開発研究所，2020 年

田中博之『子どもの自己成長力を育てる』金子書房，2023 年

第3章

2時間道徳の授業づくり
実践モデル15選

1. 15個の実践モデルの概観

　それでは，本書で提案する新しい道徳科教育の実践モデルを15個紹介しましょう。

　それぞれの実践モデルには，固有の目標や育成する資質・能力，そして相性のよい題材やトピックがあります。そこで，この章では，概論的にそれぞれの実践モデルの特徴を見ていくことにします。

　具体的な授業づくりのアイデアや典型的な活動例などについては，第7章の実践事例をあわせて参照してください。

　なお，実践にあたってはいくつかの留意事項があります。第一に，すべての学年で，1年間に15個すべての実践モデルに沿った2時間道徳の授業を実践すべきであると提案しているわけではありません。実際には，各学期に1単元か2単元を実施することが，道徳科の年間授業時数と内容項目の個数の兼ね合いから現実的です。2学期制の場合には，学期に2単元程度の実施をお勧めします。

40

　第二に，理想的には，小学校6年間，そして中学校3年間で，15個の実践モデルをバランスよくすべて実施して，どの子にも多様な道徳的資質・能力を幅広く身につけてほしいのですが，それほどの長期にわたる2時間道徳のための学校カリキュラムを編成することも現実的ではありません。したがって，その学級や学年の実態に照らし合わせて，どの実践モデルでの道徳科授業を設定することが子どもたちのために必要かを検討して，学年団でバランスの取れた2時間道徳のための年間指導計画を作成するようにしてください。

　1のヒントになるのは，これら15個の実践モデルは，実施が容易なものから難しいものの順に並べていますから，参考にしてください。

　それでは，15個の実践モデルを一覧できるように列挙しますので，その全体像をご理解ください。

【2時間道徳の実践モデル15選】

① 1時間目は教科書教材に沿って考え（習得），2時間目は身近な題材を自分事として捉える。（活用）

② 1時間目は教師の課題設定に沿って考え，2時間目は自分で問いを作って対話し解決する。

③ 1時間目は主となる内容項目から考え，2時間目は副となる複数の内容項目を関連付けて考える。

④ 1時間目は教科書教材に沿って考え，2時間目は関連する副教材を用いて多面的・多角的に考える。

⑤ 1時間目は教科書教材に沿って考え，2時間目に物語の続きや行間を想像させて深く考えるようにする。

⑥ 1時間目は主に教科書教材に基づく読解と内容項目に関する自分の考えを交流し，2時間目に一人ひとりが深く考えて成長した自分の考えを発表する。（理解の深まりの可視化）

⑦ 1時間目は教科書教材を基にして道徳的価値について思考し，2時間目に道徳的行為の在り方に関して自分事として振り返りや自己宣言をしっかりと書

いて発表する。

⑧ 1時間目は教科書教材を中心とした学級内での学習を行い，2時間目に地域のゲストティーチャーや異学年・異学校種の児童生徒を呼んで多様な考え方や視点を取り入れた授業を展開する。

⑨ 1時間目は道徳的行為の在り方を考えて自分が実践すべき行動を計画し，1時間目の後の「道徳実践週間」の振り返りを2時間目に行い考えを深め，次の実践意欲を持つ。

⑩ 1時間目は教科書教材の基礎的な読解を中心に行い，2時間目に教材に内在する内容的・認識的な飛躍をスモールステップで2時間目に埋めていく。

⑪ 1時間目は教科書教材を用いて道徳的価値とその行為のよさについて考え，2時間目ではその価値を実践しないときに発生する反価値の実践が引き起こす状況の特徴と問題点，改善点について考える。

⑫ 1時間目は教科書教材に基づいてディスカッションをして，2時間目にミニ探究活動として自分の道徳的な問いに基づいて調査活動を行い具体的なエビデンスに基づく道徳的な判断を交流し発表する。

⑬ 1時間目は教科書教材に基づいてディスカッションをして，2時間目には，その価値の実践ができない自分を見つめ，できるようになる方法を考えて発表する。

⑭ 1時間目は教科書教材に基づいてディスカッションをして，2時間目には，その道徳的価値を実践することの大切さを訴えるオリジナルの創作物語や4コマ漫画を作って交流する。

⑮ 1時間目は教科書教材から個性を伸ばし努力して生きることの大切さについて考えて，2時間目には，道徳力アンケートの結果をレーダーチャートにして，自己診断をして自己改善の方法を考える。

2．15個の実践モデルの解説

それでは，15個の実践モデルについて，一つずつ詳しく見ていきましょう。

実践モデル①　1時間目は教科書教材に沿って考え（習得），2時間目は身近な題材を自分事として捉える。（活用）

（概要）

　1時間目では，教科書教材に沿って基本的な道徳的価値について考え，2時間目には，身近な題材を使ってその価値を実生活でどう応用できるかを自分事として捉え，発展的に考えることを目指します。

（学習目標）

　教科書教材を通じて学んだ基礎的な道徳的価値を，自分の生活や体験に結びつけて考え，その価値を日常生活で実践するための意識と行動力を育てることが目標です。

（2時間道徳にすることのメリット）

　1時間目で基礎的な知識を習得し，2時間目でそれを身近な事例を通じて実生活に応用できるため，学びが深まります。子どもたちが自分の生活に結びつけて価値を捉え直す時間を確保できるのが大きなメリットです。

（適している題材やトピック）

　家庭生活や学校生活における具体的なエピソードや日常的な出来事，例えば友人との関係や校内でのマナーなどが適しています。

（資質・能力）

　自己認識力，倫理的判断力，実践力，他者への共感力が養われます。

（実践にあたっての留意点）

　すべての子どもたちが自分事として捉えられるよう，様々な背景を考慮した題材の選定が重要です。また，子どもたちが自分の生活に応用できるよう，教師は適切なガイダンスを提供する必要があります。

第3章　2時間道徳の授業づくり　実践モデル15選　**43**

> **実践モデル②　1時間目は教師の課題設定に沿って考え，2時間目は自分で問いを作って対話し解決する。**

（概要）

　1時間目は教師が課題を設定し，それに沿って子どもたちが考えをまとめます。2時間目では，子どもたち自身が問いを立て，その問いに対してディスカッションや対話を通じて解決策を見つけ出すことを目指します。

（学習目標）

　教師の提示する課題を通じて基本的な道徳的価値を理解し，それを基に自分で問いを立てて思考を発展させ，最終的に自己の意思で解決策を見つける力を養います。自律的な問題解決力と批判的思考を育てることが目標です。

（2時間道徳にすることのメリット）

　2時間に分けることで，1時間目で学んだ内容を熟考し，その後，自分で問いを作り出すプロセスを経て，より深い学びが可能になります。自己の意思で新たな問題に挑むことで，主体的な学びが促進されます。

（適している題材やトピック）

　社会的な問題や道徳的なジレンマなど，多様な視点から考えることが求められるトピックが適しています。例えば，正義や平等，人権問題などが有効です。

（資質・能力）

　問題解決能力，批判的思考力，自律的な判断力，対話力が育まれます。また，自分の考えを他者と共有し，他者の意見を受け入れることで，協調性や柔軟な思考も促進されます。

（実践にあたっての留意点）

　子どもたちが問いを立てる際には，教師の適切なガイドラインが必要です。また，問いの質が低下しないよう，問いの立て方を指導することも重要です。全員が意見を述べやすい環境を整えることも留意点です。

実践モデル③　１時間目は主となる内容項目から考え，２時間目は副となる複数の内容項目を関連付けて考える。

（概要）

　１時間目は道徳科の主要な内容項目に基づいて学び，２時間目では，その価値に関連する副次的な内容項目を取り上げて，複数の道徳的価値を関連付けて考えることを目指します。

（学習目標）

　道徳的価値の基本的な理解を深めた上で，それが他の価値観や視点とどのように結びついているかを総合的に考察する力を育てることが目標です。これにより，単一の価値に固執せず，多面的に道徳的な問題を捉える力を養います。

（２時間道徳にすることのメリット）

　１時間目に基本的な道徳的価値を学び，２時間目にそれを他の価値観と関連付けて考えることで，より深い理解が可能になります。また，複数の価値が同時に関与する状況での判断力を養うことができます。

（適している題材やトピック）

　複雑な人間関係や社会問題，価値観の衝突が起こる状況が適しています。例えば，家族間の対立や職場での倫理的なジレンマ，環境問題と経済的利益の対立などが題材に適しています。

（資質・能力）

　多面的な思考力，統合的な価値判断力，異なる視点を組み合わせる力が育まれます。加えて，道徳的価値を柔軟に適用する力や，状況に応じた判断力も強化されます。

（実践にあたっての留意点）

　道徳的価値同士の関連性を明確に示すことが重要です。子どもたちが混乱しないように，主要な価値と副次的な価値のつながりを具体的な例を通じて説明し，関連付けをサポートする必要があります。

第3章　2時間道徳の授業づくり　実践モデル15選　**45**

> **実践モデル④　1時間目は教科書教材に沿って考え，2時間目は関連する副教材を用いて多面的・多角的に考える。**

（概要）

1時間目は教科書教材に基づいて道徳的価値について考え，2時間目はその価値に関連する副教材を使用して，多面的・多角的に考察することを目指します。これにより，価値の理解を広げ，深めます。

（学習目標）

教科書の基礎的な価値理解を基に，他の資料や情報を使って異なる視点を学び，多角的な価値観や見解を統合的に考察する力を養います。特定の価値に縛られない柔軟な道徳的判断力を育てることが目標です。

（2時間道徳にすることのメリット）

1時間目で基礎を学び，2時間目で補強的な情報を用いることで，学びが深まります。子どもたちは複数の視点を持ち，多角的な思考を発展させる時間が確保されます。

（適している題材やトピック）

歴史的な事例や現代の社会問題など，多様な資料や観点が必要なトピックが適しています。例えば，異文化理解，環境問題，社会的公正などが題材として有効です。

（資質・能力）

多面的な思考力，異文化理解，批判的思考力，柔軟な判断力が育成されます。また，情報を収集し，評価する力も同時に養われます。

（実践にあたっての留意点）

副教材の選定には慎重を期し，教科書教材との関連性が明確に示されるようにする必要があります。また，子どもたちが異なる視点を理解できるように，教師は適切なサポートを提供し，多角的な視点を統合させるように工夫します。

> **実践モデル⑤** 　1時間目は教科書教材に沿って考え，2時間目に物語の続きや行間を想像させて深く考えるようにする。

（概要）

　1時間目は教科書教材に沿って基本的な道徳的価値について考えます。2時間目では，その物語の続きを想像したり，行間を読んで深く考えたりする活動を通じて，価値の深層にある意味を考察することを目指します。

（学習目標）

　教科書の内容を基に，想像力を使って物語の続きを考えたり，背景にある価値観を探ったりすることで，道徳的価値の深層にアプローチします。このモデルでは，価値の多面的な理解や，想像力と創造的思考力の育成が目標です。

（2時間道徳にすることのメリット）

　1時間目で基礎を固め，2時間目で創造的な思考を活用することで，道徳的価値に対する理解が深まり，価値観の実生活への適用がしやすくなります。また，想像力を通じた学びは，価値をより個別的に自分事として捉える力を強化します。

（適している題材やトピック）

　道徳的な物語，寓話，歴史的な出来事などが適しています。特に，道徳的価値が明確でありながら，続きが曖昧な物語や，複雑な背景を持つ物語が有効です。

（資質・能力）

　創造力，倫理的判断力，批判的思考力，価値の多面的理解，共感力が育まれます。また，物語の続きを考えることで，物事を多角的に捉える力も強化されます。

（実践にあたっての留意点）

　想像力に依存するため，子どもたちが自由に考えられる環境を提供することが重要です。また，物語の背景や価値観が正しく理解されているかを確認するために，適切なフォローアップや対話が求められます。

> **実践モデル⑥** 　１時間目は主に教科書教材に基づく読解と内容項目に関する自分の考えを交流し，２時間目に一人ひとりが深く考えて成長した自分の考えを発表する。

（概要）

　１時間目では，教科書教材を用いた読解と内容項目に関する自分の考えをクラスで共有します。２時間目では，個々の子どもたちが深く考えた上で，自分の考えがどのように成長したかを発表し，理解の深まりを可視化します。

（学習目標）

　道徳的価値に関する個々の思考や成長を共有することで，自己反省力や批判的思考を深め，他者の意見からも学び取る力を育てます。また，発表を通じて自己表現力やコミュニケーション能力も強化されます。

（２時間道徳にすることのメリット）

　１時間目で学んだことを基に，自分自身でより深く考える時間が確保され，２時間目にそれを発表・共有することで，他者との意見交換ができる点が大きなメリットです。また，自己の道徳的成長を実感しやすく，道徳的な内面化が促進されます。

（適している題材やトピック）

　複雑な道徳的ジレンマや，価値の対立が見られる社会問題が適しています。例えば，いじめ問題や環境保護，平等と正義に関するトピックが効果的です。

（資質・能力）

　自己反省力，倫理的判断力，表現力，批判的思考力，他者理解力が育まれます。また，自分の道徳的成長を確認することで，自己肯定感や自信も強化されます。

（実践にあたっての留意点）

　子どもたちが自分の考えを深めるための時間と環境を十分に整えることが大切です。また，発表の際には，子どもたちが互いにフィードバックをし合えるよう，積極的な参加を促す工夫も必要です。

実践モデル⑦	1時間目は教科書教材を基にして道徳的価値について思考し，2時間目に道徳的行為の在り方に関して自分事として振り返りや自己宣言をしっかりと書いて発表する。

（概要）

1時間目では，教科書教材や関連資料を基に道徳的価値について論理的に考えます。2時間目では，道徳的行為の在り方について自己の視点で振り返り，自己宣言として発表することを目指します。

（学習目標）

道徳的価値を論理的に理解し，自分の行動に反映させることが学習目標です。また，自己宣言を通じて，自分の価値観と行動をより深く結びつけ，実生活において道徳的な行動を実践する意識を育てます。

（2時間道徳にすることのメリット）

1時間目で基礎的な知識や価値観を論理的に理解した上で，2時間目に自己の行動や態度を振り返ることができるため，子どもたちは学びを実際の行動につなげやすくなります。また，自己宣言によって，自己成長の目標が明確化されます。

（適している題材やトピック）

倫理的ジレンマや自己の行動を振り返ることができる社会問題や身近な出来事が適しています。例えば，学校生活における規範遵守や，家庭での責任感などが効果的な題材です。

（資質・能力）

論理的思考力，自己反省力，自己制御力，倫理的判断力が育まれます。また，自己宣言を通じて，自信や責任感が高まります。

（実践にあたっての留意点）

自己宣言が具体的かつ実践可能なものになるように，子どもたちに適切な指導を行うことが重要です。また，自己宣言の実現をサポートする環境作りや，クラス全体でのフィードバックも効果的です。

第3章 2時間道徳の授業づくり 実践モデル15選 **49**

実践モデル⑧ **1時間目は教科書教材を中心とした学級内での学習を行い2時間目に地域のゲストティーチャーや異学年・異学校種の児童生徒を呼んで多様な考え方や視点を取り入れた授業を展開する。**

（概要）

1時間目は教科書教材に基づいて学級内で道徳的価値について学びます。2時間目では，地域のゲストティーチャーや異学年・異学校種の児童生徒を招き，異なる視点を取り入れた授業を展開することを目指します。

（学習目標）

多様な視点を通じて，他者理解を深め，自分の価値観を客観的に見つめ直す力を育成します。また，異なる背景を持つ人々との対話を通じて，道徳的価値の多様性とその重要性を再認識することが目標です。

（2時間道徳にすることのメリット）

1時間目で基礎的な道徳的価値を学び，2時間目に外部の視点や意見を取り入れることで，学びがより深まり，多面的な理解が促進されます。異なる視点から道徳的価値を見直すことで，柔軟な思考や多様性の尊重が強化されます。

（適している題材やトピック）

地域社会や異文化理解，世代間の価値観の違い，グローバルな社会問題などが適しています。例えば，地域社会での奉仕活動や異文化交流，世代間のコミュニケーションに関連したトピックが有効です。

（資質・能力）

多文化理解力，コミュニケーション能力，柔軟な思考力，他者への共感力が育まれます。また，異なる立場や背景を持つ人々との協調性が養われます。

（実践にあたっての留意点）

ゲストティーチャーの選定や準備には十分な配慮が必要です。特に，異なる視点を効果的に取り入れるためには，外部との連携や授業の進行における柔軟性が重要です。また，子どもたちが安心して異なる意見を表明できる環境を整えることも大切です。

> **実践モデル⑨**　　１時間目は道徳的行為の在り方を考えて自分が実践すべき行動を計画し，１時間目の後の「道徳実践週間」の振り返りを２時間目に行い考えを深め，次の実践意欲をもつ。

（概要）

　１時間目では，子どもたちが道徳的行為について考え，自分が実践すべき行動を計画します。その後，「道徳実践週間」を経て，２時間目にその実践結果を振り返り，考えを深めます。

（学習目標）

　道徳的価値を実際に行動に移し，その結果を自己評価することで，道徳的価値の内面化と実践力を養います。また，計画から実践，振り返りまでの一連のプロセスを通じて，行動に対する責任感と自己反省力を育成します。

（２時間道徳にすることのメリット）

　１時間目で学んだ内容を実践に移すことで，道徳的価値が抽象的なものから具体的なものへと変わります。実際に行動に移すことで，子どもたちは道徳的価値をより深く理解し，２時間目での振り返りを通じて自分の道徳的成長を確認することができます。

（適している題材やトピック）

　学校生活や家庭での具体的な道徳的行為，例えば挨拶や助け合い，宿題などの自己規律に関するトピックが適しています。地域社会でのボランティア活動や，学校内でのルール遵守に関連するテーマも効果的です。

（資質・能力）

　自己マネジメント能力，責任感，自己反省力，実践力が育まれます。また，自分の行動が他者に与える影響を考える力や，フィードバックを基に改善する力も強化されます。

（実践にあたっての留意点）

　実践活動を計画する際には，子どもたちが現実的に取り組める内容にすることが重要です。また，実践結果を振り返る際には，具体的なフィードバックを通じて自分の行動を客観的に評価できるよう支援します。

第3章　2時間道徳の授業づくり　実践モデル15選　**51**

> **実践モデル⑩**　**1時間目は教科書教材の基礎的な読解を中心に行い，2時間目に教材に内在する内容的・認識的な飛躍をスモールステップで2時間目に埋めていく。**

（概要）

　1時間目では教科書教材を使って基礎的な読解を行い，2時間目では，教材に内在する道徳的な内容や認識的なギャップをスモールステップで埋める作業を行います。これにより，価値の深層を段階的に理解することを目指します。

（学習目標）

　教材の内容を正確に理解し，その背後にある価値や意味を段階的に探ることで，道徳的価値の深い理解と応用力を育てます。スモールステップによる進行で，子どもたちが確実に理解を深め，自己成長を促します。

（2時間道徳にすることのメリット）

　1時間目での基礎的な読解に続き，2時間目で内容のギャップを埋める活動を通じて，子どもたちの理解が確実に深まります。段階的に進めることで，複雑な内容も徐々に把握でき，より深い学びが実現します。

（適している題材やトピック）

　複雑な倫理的問題や，社会的に意義のある事象が適しています。例えば，環境問題や社会的公正に関する話題，あるいは歴史的な出来事の背後にある価値観を考察することが効果的です。

（資質・能力）

　批判的思考力，論理的思考力，段階的な理解力，価値の内面化力が育まれます。特に，複雑な問題を分解し，徐々に解決していく力が強化されます。

（実践にあたっての留意点）

　スモールステップで進める際，各ステップが明確で，子どもたちが理解しやすいように工夫することが重要です。また，各ステップでフィードバックを与えることで，次の段階へ進む子どもたちの動機付けを高めることが効果的です。

> **実践モデル⑪**　１時間目は教科書教材を用いて道徳的価値とその行為のよさについて考え、２時間目ではその価値を実践しないときに発生する反価値の実践が引き起こす状況の特徴と問題点、改善点について考える。

（概要）

１時間目では、教科書教材を基に道徳的価値やその行為のよさについて考えます。２時間目では、その価値を実践しない場合に発生する「反価値」が引き起こす問題やその影響について考察し、道徳的価値の重要性を深めます。

（学習目標）

道徳的価値の重要性だけでなく、反価値の結果や影響を考えることで、道徳的価値の必要性をより深く理解することを目指します。また、自分自身の行動を振り返り、価値を実践する意欲を高めることが学習目標です。

（２時間道徳にすることのメリット）

１時間目で価値を理解した後、２時間目に反価値がもたらす具体的な影響を考えることで、価値の重要性がより明確になります。反価値を考えることで、子どもたちにとって実践の動機が強まり、道徳的価値を日常に生かす意識が高まります。

（適している題材やトピック）

いじめや差別、環境問題、規則の無視など、反価値がもたらす具体的な社会問題が適しています。例えば、いじめによる人間関係の崩壊や、環境破壊が引き起こす長期的な影響について考えることが効果的です。

（資質・能力）

批判的思考力、倫理的判断力、他者への共感力、自己制御力が育まれます。また、道徳的価値を実践する動機付けや責任感も強化されます。

（実践にあたっての留意点）

反価値を強調しすぎると、子どもたちが消極的になってしまう可能性があるため、バランスを取ることが重要です。また、反価値の結果が極端にならないように、子どもたちが現実的な影響を理解できるようにサポートすることが大切です。

第3章　2時間道徳の授業づくり　実践モデル15選　**53**

> **実践モデル⑫**　1時間目は教科書教材に基づいてディスカッションをして，2時間目にミニ探究活動として自分の道徳的な問いに基づいて調査活動を行い具体的なエビデンスに基づく道徳的な判断を交流し発表する。

（概要）

1時間目では，教科書教材に基づいてディスカッションを行い，道徳的価値について意見を交換します。2時間目では，自分が抱いた道徳的な問いに基づき，ミニ探究活動を行い，調査結果を発表して，エビデンスに基づく道徳的判断を深めます。

（学習目標）

道徳的価値についての基礎的な理解を深めた上で，自分自身の疑問や問いを通じて価値を探究し，エビデンスに基づいた判断を行う力を育てます。これにより，自己主導的な学びと論理的思考力の育成が目標です。

（2時間道徳にすることのメリット）

1時間目のディスカッションを通じて他者の意見に触れた後，2時間目に自分で探究活動を行うことで，学びが深まり，道徳的価値をより自分事として捉えられます。エビデンスに基づいた判断を行うため，価値の内面化が強化されます。

（適している題材やトピック）

現代の社会問題や，学校生活に関連するテーマが適しています。例えば，環境保護や社会的公正，いじめや助け合いに関する問題などを題材とすると，探究活動が効果的に進められます。

（資質・能力）

探究力，批判的思考力，問題解決力，倫理的判断力が育まれます。また，エビデンスに基づいた論理的な議論や発表力も強化されます。

（実践にあたっての留意点）

探究活動に必要な資料や情報を子どもたちが入手できるよう，教師が適切にサポートすることが重要です。また，探究のテーマが現実的かつ適切であるか，指導する際に確認する必要があります。

実践モデル⑬ 　1時間目は教科書教材に基づいてディスカッションをして，2時間目には，その価値の実践ができない自分を見つめ，できるようになる方法を考えて発表する。

（概要）

　1時間目は教科書教材に基づいてディスカッションを行い，道徳的価値について考えます。2時間目では，その価値を実践できない自分を見つめ，どのようにして実践可能にするかを具体的に考え発表することで，自己改善の意欲を高めます。

（学習目標）

　道徳的価値を実生活に適用できるように，自分の弱点や課題を客観的に見つめ，その改善策を考える力を育成します。また，道徳的価値の実践に向けた行動力を高め，道徳的成長を目指します。

（2時間道徳にすることのメリット）

　1時間目で価値を理解した上で，2時間目に自分自身の行動や考えを振り返る時間が確保されます。これにより，自己認識を深めると同時に，実践可能な改善策を見つけることで，具体的な行動につながりやすくなります。

（適している題材やトピック）

　日常生活で遭遇する倫理的な課題や，自己の行動に関するテーマが適しています。例えば，ルール遵守，責任感，友人との関係における誠実さなど，身近な行動に関わる題材が効果的です。

（資質・能力）

　自己認識力，自己反省力，問題解決能力，倫理的判断力が育まれます。また，自己改善に向けた実行力や意志の強化も期待できます。

（実践にあたっての留意点）

　自己改善策が現実的で実行可能なものであるように，教師が適切なアドバイスを提供することが重要です。また，子どもたち同士で意見交換を行い互いの改善点を共有することも，学びを深めるための効果的な方法です。

第3章　2時間道徳の授業づくり　実践モデル15選　**55**

実践モデル⑭　**1時間目は教科書教材に基づいてディスカッションをして，2時間目には，その道徳的価値を実践することの大切さを訴えるオリジナルの創作物語や4コマ漫画を作って交流する。**

（概要）

　1時間目は教科書教材に基づいてディスカッションを行い，道徳的価値について考えます。2時間目では，その価値を実践することの大切さを訴えるオリジナルの創作物語や4コマ漫画を作成し，クラスで交流します。

（学習目標）

　道徳的価値を自分の言葉や表現で伝える力を養い，創造力や表現力を通じて価値の内面化を図ります。また，他者に対して価値を伝える活動を通じて，自己の理解を深め，道徳的行為への意欲を高めることが目標です。

（2時間道徳にすることのメリット）

　1時間目で道徳的価値についてのディスカッションを行い，2時間目で自分の考えを創作物として表現することで，学びが深まります。創作活動を通じて，価値を自分事として捉え，他者と共有し多様な視点を学ぶことができます。

（適している題材やトピック）

　友情や誠実さ，助け合い，責任感など，具体的な価値を題材にすることが効果的です。また，現代社会の問題や学校生活で直面する課題に関連したテーマも適しています。

（資質・能力）

　創造力，表現力，共感力，コミュニケーション能力が育まれます。また，他者に価値を伝える力や，物語を通じた道徳的な判断力も強化されます。

（実践にあたっての留意点）

　創作活動に苦手意識を持つことがないよう，サポートやガイドを提供することが重要です。また，子どもたちの多様な表現を尊重し，発表時には互いに前向きなフィードバックを行える環境作りが必要です。

> **実践モデル⑮**　１時間目は教科書教材から個性を伸ばし努力して生きることの大切さについて考えて，２時間目には，道徳力アンケートの結果をレーダーチャートにして，自己診断をして自己改善の方法を考える。

（概要）

　１時間目では，自分の個性や成長について考えます。２時間目では，道徳力アンケート（巻末資料１・２・３）を用いて自己診断を行い，その結果をレーダーチャートにして可視化し，自己改善の方法を考え，発表します。

（学習目標）

　自己認識と道徳的成長を促進することを目標とします。道徳的価値の習得状況を自己評価し，その結果を基に自分の道徳的成長を具体的に考える力を養い，自己改善のための実践的な行動計画を立てる力を育成します。

（２時間道徳にすることのメリット）

　１時間目で自分の個性や成長について深く考えた後，２時間目に自己診断を通じて道徳的資質・能力の可視化を行い，具体的な改善策を考えます。これにより，自己の道徳的成長を明確に意識し，行動に結びつけやすくなります。

（適している題材やトピック）

　自己認識や自己改善，責任感や誠実さなど，自分の行動や価値観に関連するテーマが適しています。また，自己診断を通じて改善点を見つけられるようなトピックが効果的です。

（資質・能力）

　自己認識力，自己マネジメント能力，自己改善力，目標設定力が育まれます。レーダーチャートを使うことで，自己の道徳的成長を具体的に把握し，それを基に目標を立てる力が強化されます。

（実践にあたっての留意点）

　レーダーチャートが，具体的な行動計画につながるよう，教師が適切にサポートすることが重要です。また，自己改善を目指す過程で子どもたちが自信を失わないよう，前向きなフィードバックを心掛けることが大切です。

第4章

道徳科に固有な見方・考え方の再編成

1. 道徳科における見方・考え方とは

　道徳科における見方・考え方は，文部科学省によって次のように定められています。なお，小学校と中学校に共通の内容になっています。

【現行の学習指導要領における道徳科の見方・考え方】

　様々な事象を，道徳的諸価値の理解を基に自己との関わりで（広い視野から）多面的・多角的に捉え，自己の（人間としての）生き方について考えること

※（　）内は中学校のみ

（小学校学習指導要領解説特別の教科道徳編，平成27年）

　他の教科の見方・考え方と同じく，この道徳科の見方・考え方の定義も抽象性が高く，実際の授業で，「児童生徒が働かせること」を期待することはほとんどできません。

しかし私見によれば，道徳科の授業においては，他にも例えば，「登場人物の年齢によって異なる道徳的な判断がある」といった見方や，「長期的な時間軸で道徳的な行為の結果を考える」といった考え方があります。

こうした多様な見方・考え方の項目は，道徳科教育学の中ではまだ解明されていませんが，道徳科の授業において，子どもたちが実際に働かせて，道徳的な深い判断をすることができる項目を考えることが大切です。

児童生徒が2時間道徳の授業において働かせることができる見方・考え方には，他にも多種多様なものがあります。

本章では，それらをわかりやすく整理して，道徳科における見方・考え方を再構成していきたいと思います。

まず，本書では，道徳科における見方・考え方の特質を次のように定義します。

【道徳科における見方・考え方の新定義】

道徳科における見方・考え方とは，自他の立場や視点を尊重しつつ，道徳的価値を自分事として捉え，問題の原因や解決策を多面的に考察し，自己の成長や行動の改善をメタ認知しながら，社会的責任と個人の自由の調和を図ること

さらに，この定義に基づいて，次の4つの特長を具体的に明らかにしていきましょう。

特長1　道徳科の固有の見方・考え方

道徳科においては，社会生活や他者との関係，自らの内面に向き合い，道徳的価値や規範に照らして物事を判断し行動する力を育てることが重要です。道徳的な見方・考え方は，個々の出来事や選択に対して，倫理的視点や社会的規範を基準として，多面的・多角的に考える力を涵養します。

特長2　道徳的諸価値を基に判断する

物事の善悪や正当性を道徳的諸価値や倫理的視点から捉え，自分や他者の行動を評価・判断します。例えば，他者の気持ちを理解し，共感することで，自

己中心的ではなく公共性を重視した行動を取るための判断力が必要です。

特長3　自己との関わりを振り返る視点

　道徳的行為や判断が，自分の生き方や内面的な成長にどのように関わるかを振り返り，自己理解と自己改善を図ります。この見方は，内省的なアプローチで，自己の価値観や行動に対するメタ認知を促します。

特長4　社会的規範と個人的な自由との調和を考える

　個々の価値観や選択が，社会全体の規範や倫理とどのように関連し，社会的な責任や貢献と結びつくかを考え，個人の自由と社会的義務のバランスを探る力が養われます。

2.　道徳科における見方・考え方を作り直す

　以上のような新しい定義をより具体的にするために，次のような4領域に整理した具体的な項目を提案します。

【新しい見方・考え方を整理する4領域】

領域1　自己内省と自己成長

領域2　他者との関わりと共感

領域3　多面的思考と柔軟性

領域4　社会的責任と倫理的判断

　ここに整理したすべての項目を，授業で子どもたちが働かせるわけではありませんが，まず可能性のある項目をできる限り多く作り出しましたので，各学校において必要な項目を，子どもたちの発達段階や扱う道徳教材の内容の特質に応じて選択するようにしてください。

領域1　自己内省と自己成長

（項目）

1　自己の課題を認識し，道徳的成長を通じて克服する方法を模索する。

2　自己の道徳的成長を客観的に振り返り，さらなる成長を構想する。

3　過去の経験や失敗を振り返り，そこから学びを得て行動に生かす。

4　「私ならどうするか？」と常に自己に問いかけ，行動を内省する。

5　行為の意図がよくても結果が問題となる場合を考える。

6　道徳的な課題を他者の問題ではなく，自分に関わるものとして考える。

7　問題を他人任せにせず，自らの責任として積極的に解決策を探る。

8　自己目標の設定，実行，評価，改善のサイクルで考える。

（特徴）

　「自己内省と自己成長」とは，道徳的な課題を自分事として捉え，過去の経験や失敗から学びを得ながら，自らの責任で解決策を模索し，行動を改善していく見方・考え方です。まず，自己の課題を認識し，克服へ向けた方法を探る過程で，客観的な視点から，これまでの成長を振り返り，さらなる高まりを構想します。また，「私ならどうするか？」という問いを常に意識し，たとえ行為の意図がよくても結果として問題が生じる可能性を考慮しながら，深い内省を重ねます。そして，問題を他者任せにしない主体的な姿勢を大切にし，道徳的成長を自らの責任として捉えていきます。さらに，目標の設定・実行・評価・改善のサイクルを回し続けることで，常に自分の道徳的実践を内省し，よりよい行動と自己成長へとつなげていくことができます。

領域2　他者との関わりと共感

（項目）

1　他者を責める前に，問題を共通の課題として自覚する。

2　自分の感情だけでなく相手の感情や立場に立ち，他者の視点から物事を捉える。

3　他者の行動や意見を否定する前に，その背景や意図を理解する。

第4章　道徳科に固有な見方・考え方の再編成　**61**

4　自分の利益のみを追究しないで，他者のためにできることを考える。
5　個人では解決できなくても協力して助け合えば解決できると考える。
6　周りからの批判を恐れず，自分の道徳的価値観を率直に表明する。
7　自身の内面や他者との関係での葛藤を多角的に掘り下げて考える。
8　多様な他者との共存，共栄，相互発展の在り方を探る。
9　多様な他者と折り合いをつけながら合意形成していく。

（特徴）

　「他者との関わりと共感」に関する道徳科の見方・考え方は，他者との関係を築き，互いに理解し合い，協力する力を育てます。具体的な項目を例示すると，「他者を責める前に，問題を共通の課題として自覚する」「自分の感情だけでなく相手の感情や立場に立ち，他者の視点から物事を捉える」「他者の行動や意見を否定する前に，その背景や意図を理解する」「個人では解決できなくても協力して助け合えば解決できると考える」などが挙げられます。これらの項目を通して，子どもたちは他者との共感を深め，協調性や社会的な責任感を育てることが期待されます。特に，多様な他者との共存や協力を通じて共通の目標を達成する力は，現代社会において重要な資質です。他者と向き合い，葛藤を乗り越えつつ，相互発展を目指すための道徳科の見方・考え方は，子どもたちに豊かな人間関係を築く力を提供します。

領域3　多面的思考と柔軟性
（項目）
1　一つの失敗や短所でも，別の状況で改善や補完が可能であると捉える。
2　個々の状況や人々の違いを理解し，先入観や固定観念にとらわれない。
3　物事を逆の視点や異なる視点から考えることで新たな発見を得る。
4　問題や行動の良い面と悪い面を同時に考察し，バランスよく判断する。
5　過度な一般化や決めつけをしないで，柔軟に考えて問題を解決する。
6　自己の視点と他者の視点を総合し，複合的に問題を捉える。
7　自身の内面や他者との関係での葛藤を多角的に掘り下げて考える。

8　見かけの問題解決や表面的な判断にとらわれずに，深い判断をする。

9　問題の原因とそれに対する解決策をバランスよく考える。

10　複雑な問題に対して，複数の解決策を考え出すようにする。

11　発達段階に応じた解決策を考える。

12　長期的視点と短期的視点の両方から判断する。

（特徴）

　「多面的思考と柔軟性」に関わる道徳科の見方・考え方は，子どもたちが複雑な問題に対して柔軟に考え，多角的な視点から解決策を見いだす力を育てるものです。具体的な項目を例示すると，「一つの失敗や短所でも，別の状況で改善や補完が可能であると捉える」「個々の状況や人々の違いを理解し，先入観や固定観念にとらわれない」「物事を逆の視点や異なる視点から考えることで新たな発見を得る」「問題や行動の良い面と悪い面を同時に考察し，バランスよく判断する」などが挙げられます。このような見方・考え方は，子どもたちが固定観念にとらわれず，柔軟な発想を通じてより広い視野で物事を捉えることを可能にします。また，複数の解決策を模索し，最適な判断を下す能力は，現代の多様化する社会において必要不可欠な資質です。このような多面的なアプローチは，単なる問題解決にとどまらず，創造的な思考を育て，より深い理解と行動を促します。

領域4　社会的責任と倫理的判断

（項目）

1　法律の規範と道徳的判断の違いを理解し，それぞれの役割を考える。

2　行動や判断後の対応や補償，支援がどのように行われるべきかを考える。

3　短期的な結果と長期的な結果を比較し，持続可能な選択をする。

4　自己利益と公共の利益のバランスを取りつつ，総合的に判断する。

5　年齢や役割による立場の違いを認識し，役割に応じた判断を行う。

6　過ちや不足をどう補い，社会的責任を果たすかを考える。

7　道徳的な判断や問題状況の背景にある文化や社会的影響を考慮する。

8　未来志向的な新しい道徳観や道徳的行為について積極的に考える。

（特徴）

　「社会的責任と倫理的判断」に関わる道徳科の見方・考え方は，個人が社会の一員として果たすべき責任を理解し，倫理的な判断を通じて行動する力を育てるものです。具体的な項目を例示すると，「法律の規範と道徳的判断の違いを理解し，それぞれの役割を考える」「行動や判断後の対応や補償，支援がどのように行われるべきかを考える」「短期的な結果と長期的な結果を比較し，持続可能な選択をする」「自己利益と公共の利益のバランスを取りつつ，総合的に判断する」などが挙げられます。これらの見方・考え方を通して，子どもたちは自分自身の行動が社会に与える影響を理解し，その責任を果たすために何が必要かを考える力を身につけます。加えて，倫理的な判断力は，個人の価値観や利益だけでなく，社会全体の利益や未来を見据えた行動を促す重要な要素です。このような道徳的思考は，持続可能な社会の構築や未来志向的な道徳的行為を促進し，子どもたちが多様化する現代社会において適切な判断を下す能力を育むために不可欠です。

3. 2時間道徳における新しい見方・考え方の活用方法

　本書で提案している 15 個の実践モデルと，本章で提案した道徳科における新しい見方・考え方の 4 つの領域（自己内省と自己成長，他者との関わりと共感，多面的思考と柔軟性，社会的責任と倫理的判断）とを関連付けて 2 時間道徳を構成し実践することは，子どもたちの道徳的成長をより深めるために重要な方法です。そこで以下に，各実践モデルと 4 つの領域の関連性を解説し，どのモデルでどの見方・考え方を働かせると効果的かを具体的に解説します。

実践モデル①

- 1 時間目：教科書教材での価値の習得
- 2 時間目：身近な題材での活用

- 関連する見方・考え方の領域：自己内省と自己成長
- 理由：教科書教材での基礎的な価値を学んだ後，身近な事例に置き換えて自己の行動に結びつけることで，自己内省を促し，日常生活での道徳的行動の意識を高めます。例えば，「私ならどうするか？」と問いかける活動を通じて，自分の行動を振り返り，成長を目指すことが可能です。

実践モデル②
- １時間目：教師の課題設定
- ２時間目：子ども自身の問いの設定と対話
- 関連する見方・考え方の領域：多面的思考と柔軟性
- 理由：子どもが自ら問いを立てるプロセスを通じて，多角的な視点から問題を捉え，柔軟な思考を発展させることができます。また，対話を通じて他者の意見を受け入れることで，固定観念にとらわれない思考力を育成します。

実践モデル③
- １時間目：主となる内容項目の理解
- ２時間目：複数の副内容項目を関連付けて考察
- 関連する見方・考え方の領域：多面的思考と柔軟性
- 理由：複数の道徳的諸価値を組み合わせて考える活動は，異なる視点を持ちながら物事を柔軟に捉える力を養います。このプロセスにより，単一の価値観にとらわれず，多面的な思考が育成されます。子どもたちは「物事を異なる視点から考え，多様な価値を統合的に捉える力」を身につけます。

実践モデル④
- １時間目：教科書教材の活用
- ２時間目：関連副教材を通じて多面的に考察
- 関連する見方・考え方の領域：多面的思考と柔軟性
- 理由：教科書と副教材を組み合わせて多角的に学ぶことで，固定観念を打破し，広範な視野で道徳的諸価値を考察します。特に，「情報を収集し異なる観点を理解する力」や「問題を多角的に分析し，柔軟に判断する力」が強化されます。

第4章　道徳科に固有な見方・考え方の再編成　**65**

実践モデル⑤
- 1時間目：教科書教材の理解
- 2時間目：物語の続きを想像して考察
- 関連する見方・考え方の領域：創造力・多面的思考
- 理由：物語の続きや行間を想像することで，子どもたちの創造力が活性化されます。さらに，物語の背景やキャラクターの意図を多面的に理解することにより，他者の視点を尊重し，倫理的な判断を深める力が育まれます。「物事の背景を深く探り，多角的に価値を理解する力」を育てます。

実践モデル⑥
- 1時間目：教科書教材に基づいた考えの交流
- 2時間目：深めた考えを発表
- 関連する見方・考え方の領域：自己内省と自己成長
- 理由：他者との意見交換を通じて，自分の考えを深め，それを発表する活動は自己内省と成長の機会となります。「自己の考えを深め，それを他者に伝え，成長を確認する力」を養うことで，子どもたちの道徳的成長が促進されます。

実践モデル⑦
- 1時間目：道徳的価値についての思考
- 2時間目：自己振り返りと自己宣言
- 関連する見方・考え方の領域：自己内省と自己成長
- 理由：自己の行動を振り返り，自己宣言を通じて自己の価値観と行動の一貫性を確認する活動は，自己内省と自己成長に直結します。子どもたちは，「自己目標の設定，実行，評価，改善のサイクル」で考える力を育てます。

実践モデル⑧
- 1時間目：教科書教材を中心にした学習
- 2時間目：ゲストティーチャーや異学年との交流
- 関連する見方・考え方の領域：他者との関わりと共感
- 理由：多様な背景を持つ他者と意見を交換することで，他者の視点を理解し，共感力を高めます。この活動は，「他者の感情や立場を理解する力」や「多様

な他者との共存，協力を探る力」を育成します。

実践モデル⑨
- 1時間目：道徳的行動の計画
- 2時間目：実践後の振り返り
- 関連する見方・考え方の領域：社会的責任と倫理的判断
- 理由：道徳的行動を実践し，その結果を振り返ることで，社会的責任感や倫理的判断力を育てます。特に，短期的な行動の結果と長期的な影響を比較し，持続可能な行動を選択する力が養われます。

実践モデル⑩
- 1時間目：教科書教材の基礎読解
- 2時間目：教材の内容的ギャップを埋める活動
- 関連する見方・考え方の領域：多面的思考と柔軟性
- 理由：スモールステップで教材の内容を深掘りすることで，複雑な問題の理解が深まります。このモデルでは，子どもたちが問題を段階的に解決する力を養います。「複雑な問題を分解し，柔軟に解決策を考える力」が強化されます。

実践モデル⑪
- 1時間目：道徳的価値について考察
- 2時間目：反価値の影響と問題点を考察
- 関連する見方・考え方の領域：社会的責任と倫理的判断
- 理由：価値を実践しない場合の影響について考えることで，道徳的価値の重要性が浮き彫りになります。これにより，子どもたちは「自分の行動が社会全体に与える影響を理解し，持続可能な選択をする力」を育成します。

実践モデル⑫
- 1時間目：教科書教材を基にしたディスカッション
- 2時間目：ミニ探究活動
- 関連する見方・考え方の領域：多面的思考と柔軟性
- 理由：探究活動を通じて，子どもたちは自らの道徳的な問いに対してエビデンスを基にした判断を行うため，問題解決能力と批判的思考力が強化されます。

また，異なる視点から考えることで柔軟な思考が促進されます。

実践モデル⑬
- 1時間目：ディスカッション
- 2時間目：価値の実践ができない自分を見つめ，改善策を考察
- 関連する見方・考え方の領域：自己内省と自己成長
- 理由：価値の実践が難しい状況に直面する自分を振り返り，改善方法を考えることで，道徳的成長を促します。「自己の課題を認識し，改善に向けて行動する力」が培われます。

実践モデル⑭
- 1時間目：ディスカッション
- 2時間目：価値の実践を表現した創作物語や4コマ漫画を制作
- 関連する見方・考え方の領域：創造力・他者との関わり
- 理由：道徳的諸価値を創作物を通じて表現し，共有する活動は，他者への共感力や創造的表現力を高めます。「自己の価値観を他者に伝え，共感を育む力」を養います。

実践モデル⑮
- 1時間目：教科書教材から個性を考察
- 2時間目：道徳力アンケートの自己診断と改善策の検討
- 関連する見方・考え方の領域：自己内省と自己成長
- 理由：自己診断を通じて自分の道徳的な資質・能力を振り返り，改善策を立てる活動は，自己の内省と成長につながります。「自己の道徳的成長を評価し，自己改善の方法を見出す力」を強化します。

　このようにして，各実践モデルと新しい「見方・考え方」を組み合わせることで，2時間道徳の授業がより深い学びの場となり，子どもたちの道徳的成長を効果的に促進するとともに，子どもたちが道徳的価値を多角的に理解し，自らの行動に生かせるようになるでしょう。

【参考文献】
田中博之『「深い学び」実践の手引き』教育開発研究所，2017年

第5章

道徳科における内容項目の再検討

1. 現行の学習指導要領が示す内容項目

　現行の小学校学習指導要領においては，低学年で19個の内容項目が，そして中学年には，「相互理解，寛容」という項目が増えて，20個の内容項目が位置付けられています。さらに，高学年には，もう2つ「真理の探究」「よりよく生きる喜び」という項目が増えて，22個の内容項目が設定されています。一方，中学校学習指導要領においては，小学校高学年と同じ22個の内容項目が割り当てられています。

　細かく見てみると，学年によっては，2つの内容項目を一にまとめて示したり，逆に一の内容項目を2つに分けて整理したりしていますから，各学年の内容項目の数については統一した基準で数えていないことになります。しかし，現行の学習指導要領では，およそ以下の領域と観点で内容項目が設定されています。

【現行の学習指導要領での道徳科の内容項目（右側は中学校の独自項目）】

A　主として自分自身に関すること

　［善悪の判断，自律，自由と責任］［自主，自律，自由と責任］

　［正直，誠実］［中学校はなし］

　［節度，節制］

　［個性の伸長］［向上心，個性の伸長］

　［希望と勇気，努力と強い意志］［希望と勇気，克己と強い意志］

　［真理の探究］［真理の探究，創造］

B　主として人との関わりに関すること

　［親切，思いやり］［思いやり，感謝］

　［感謝］［思いやりに統合］

　［礼儀］

　［友情，信頼］

　［相互理解，寛容］

C　主として集団や社会との関わりに関すること

　［規則の尊重］［遵法精神，公徳心］

　［公正，公平，社会正義］

　［勤労，公共の精神］［社会参画，公共の精神］

　［小学校では公共の精神に統合］［勤労］

　［家族愛，家庭生活の充実］

　［よりよい学校生活，集団生活の充実］

　［伝統と文化の尊重，国や郷土を愛する態度］

　［国際理解，国際親善］

D　主として生命や自然，崇高なものとの関わりに関すること

　［生命の尊さ］

　［自然愛護］

　［感動，畏敬の念］

　［よりよく生きる喜び］

2. 内容項目を改訂する観点

　「特別の教科　道徳」が学習指導要領の中途改訂により設置されてから，すでに10年以上が経過しました。その間，日本国内の子どもたちや社会情勢は大きく変化し，道徳科教育もこれに対応する必要が出てきています。子どもたちの価値観はますます多様化し，個性の尊重が重要視されるようになりましたが，その一方で，過度な個人主義や傍観主義が広がり，青少年の行動規範が曖昧になってきています。この変化により，いじめや不登校の件数が増加し，子どもたちが社会に適応するためのスキルが十分に育まれていないことが浮き彫りになっています。

　さらに，国内では多くの外国人観光客や労働者が増加しており，異文化間のコミュニケーションや共生がますます重要になっています。多様な価値観や背景を持つ人々とともに生きるためには，他者への共感や寛容さがこれまで以上に必要とされ，道徳科教育の中でもこの視点が重視されるべきです。また，グローバル化やデジタル社会の進展に伴い，子どもたちは新たな社会倫理やデジタルリテラシーに関する意識を持つことが求められています。SNSやインターネットを利用する際のマナーや，情報の正確性を判断する力，いわゆるファクトチェック力を育むことが不可欠です。

　国際関係の面では，単なる国際理解や親善を超えて，世界的な紛争や人権問題に対する理解を深め，平和の実現に向けた強い願いと具体的な行動意欲を育てることが重要です。特に，現在の日本社会においては，平和の価値が当たり前のものとして感じられにくくなっている部分があり，次世代を担う子どもたちに，平和の大切さを再認識させ，実践につなげる教育が求められています。

　このような社会や国際環境の急速な変化に対応するためには，現行の道徳科教育の内容項目を見直し，新しい価値観や倫理的視点を加えることが必要不可欠です。子どもたちが直面する現代の課題に応じた道徳的諸価値を教えることで，彼らが自らの考えを持ち，行動を起こす力を育てることができます。こう

した教育改善を通じて，子どもたちが現代社会に対応するための道徳的な資質・能力を高めることが，今後の日本社会にとっても極めて重要な課題となっています。

3. 新しい内容項目の提案

そこで，筆者は，この 10 年ほどの道徳科教育の実践研究の経験に基づいて，次の内容項目の追加を提案します。

あまり多くの項目を追加すると，道徳科の年間授業時間数を 50 時間程度に増やさないと，2 時間道徳を実践する余裕がなくなりますから，自己矛盾してしまいますが，以下に提案した項目のいくつかでも追加することで，道徳科教育の刷新を図りたいものです。

A　主として自分自身に関することにおける追加項目
［成長への意志］
中学校ではすでに，［向上心］という同様の項目があるため，小学校の［個性の伸長］に加えて，［個性の伸長と成長への意志］としてはどうでしょうか。個性も成長も同じような意味ですが，成長の方がより包括的な概念であり，自己成長という考え方に基づき，子どもたち一人ひとりが主体的に自分を自己育成，自己改善しようとする態度を育てることが大切であると思います。
［謙虚さ］
現代社会において自己主張や個人の自由が重要視される一方，他者への敬意や自分の限界を認識する姿勢が希薄化しつつあるためです。謙虚さは，自己成長を促し，他者と円滑に関わるために不可欠な資質です。特に，多様化した社会において，他者の意見を尊重しつつ自己を見つめ直す力が求められます。謙虚さを持つことで，自己中心的な行動を避け，他者との協調や共感を基盤にした豊かな人間関係を築くことが可能です。

第 5 章　道徳科における内容項目の再検討　73

［自分から進んで，率先垂範］

　子どもたちが「人任せにした方が楽だ」「自分から進んでやるのは面倒だ」と感じることが増えている中で，自己規律と自己規範を育てる必要があるためです。率先して行動することは，自らの意志で責任を持って取り組む姿勢を養い，自分が先に行動することで損をするという考え方を改めるきっかけとなります。この習慣を通じて，他者に依存せず，自立した判断力と行動力を持った自己成長を目指せる子どもを育てることができます。

　なお，［自律］という内容項目とも似てきますので，［自律，率先垂範］というように合体させてもよいかもしれません。

B　主として人との関わりに関することにおける追加項目

［多様性の尊重，多文化共生］

　グローバル化の進展により，異なる文化や価値観，背景を持つ人々との関わりが増えている現代において，他者の個性や違いを理解し尊重することが不可欠だからです。特に，LGBTQ＋などの性的多様性も含め，性別や性自認，性的指向に対する偏見をなくし，共感と寛容を持ちながら人と接する力を育てる必要があります。多様性を尊重することで，違いを認め合い，対立ではなく共存を目指し，より調和の取れた社会を築く能力が養われます。

［他者貢献］

　自己中心的な価値観が広がる中で，他者に対する思いやりや支援の重要性を強調する必要があるためです。他者に貢献することで，社会の一員としての役割を自覚し，共感や協力の精神を育むことができます。また，他者のために行動することで自己の満足感や充実感を得ると同時に，周囲との信頼関係が深まり，豊かな人間関係を築く力を養います。これにより，個人の幸福と社会全体の福祉がともに向上する道徳的価値を学べます。

［いじめ防止，他者尊重］

　いじめが未だに深刻な社会問題であり，子どもたちに他者を尊重し，傷つけ合わないための意識と行動を促すことが必要であるためです。他者の立場や感

情を理解し，共感する力を育てることで，いじめの根本原因を解消し，集団での健全な関係性を構築できます。また，他者を尊重する姿勢は，多様な価値観や個性を受け入れる力を養い，共存社会の実現に貢献します。これにより，互いを大切にし合う倫理的な行動規範が育まれます。

C　主として集団や社会との関わりに関することにおける追加項目
　[平和の希求]
　　国際社会が抱える紛争や緊張が増加する中，子どもたちに平和の重要性を深く理解させ，具体的に行動できる力を育てる必要があります。平和を求める姿勢は，個人レベルでも他者との対話や協調を促し，社会的には平和的解決を模索する意識を高めます。また，争いを避け共存の道を探ることで，多様な価値観や文化を尊重し国内外での平和的な関係を築く力が養われます。これにより，平和を維持するための倫理的判断力が育まれます。
　[おもてなし]
　　他者を思いやり，相手の立場に立って配慮する心を育てることが必要であるためです。「おもてなし」は，日本文化の一部として，相手を敬い，細やかな気遣いを行う姿勢を示すものであり，国内外を問わず，他者との良好な関係を築くための重要な資質です。また，相手に対する思いやりや尊重を通じて，信頼関係を築き，円滑な社会生活を送る力を養います。これにより，共感力と協調力を育てます。
　[持続可能社会の実現と消費倫理]
　　環境問題や資源の枯渇が進行する中で，子どもたちに持続可能な社会を築くための意識と行動を育てることが不可欠であるためです。消費倫理を学ぶことで，無駄な消費を避け，環境に優しい選択を行う責任感を持つことができます。また，個人の消費行動が地球全体に影響を及ぼすことを理解し，自然や他者との調和を保つために，道徳的な判断力と実践力が養われます。これにより，持続可能な未来を創造する意識が高まります。

[科学技術の進展と技術倫理]

　急速に進化する科学技術が社会に大きな影響を与える中，子どもたちが技術の利便性だけでなく，その倫理的側面を理解し，適切に活用できる力を養う必要があるためです。技術倫理を学ぶことで，AIやバイオテクノロジー，情報技術などが人間社会や環境に及ぼす影響を考え，倫理的な判断に基づいて行動する責任感が育まれます。これにより，科学技術を持続可能かつ社会に有益な形で発展させるための道徳的な視点を獲得できます。

D　主として生命や自然，崇高なものとの関わりに関することにおける追加項目
[医療倫理]

　医療技術の進展とともに，命に関わる倫理的な判断が求められる場面が増えているためです。医療倫理を学ぶことで，生命の尊厳や患者の権利，医療従事者の責任などを理解し，命に対する尊重と慎重な判断が求められることを意識する力が養われます。また，医療行為や治療における倫理的なジレンマを考えることで，他者の命に対する責任感や，健康や福祉に貢献する意識を育てることができます。これにより，生命の尊さと人間の尊厳に対する深い理解が育まれます。

4．2時間道徳の実践モデルと新しい内容項目との関連性

　本書で提案している2時間道徳の15個の実践モデルと，新たに提案した道徳科の「内容項目」の改訂版を関連付けることで，より効果的な道徳授業が展開できると考えます。以下に，各実践モデルと新しい内容項目との結びつきを詳しく解説します。

実践モデル①
・1時間目：教科書教材での価値の習得
・2時間目：身近な題材での活用

- 関連する新しい内容項目：［自律，率先垂範］，［成長への意志］
- 理由：教科書教材で学んだ価値を身近な生活に応用することで，自律した行動や率先垂範の姿勢が求められます。2時間目の活動を通じて，自己の成長や率先して行動する力を養います。

実践モデル②
- 1時間目：教師の課題設定
- 2時間目：子ども自身の問いの設定と対話
- 関連する新しい内容項目：［多様性の尊重，多文化共生］，［他者貢献］
- 理由：子どもたちが自ら問いを立て，多様な視点で議論する中で，多文化共生や他者貢献の意識が育まれます。また，対話を通じて他者の立場や価値観を理解し，社会に貢献する姿勢が身につきます。

実践モデル③
- 1時間目：主となる内容項目
- 2時間目：副内容項目を関連付ける考察
- 関連する新しい内容項目：［持続可能社会の実現と消費倫理］，［科学技術の進展と技術倫理］
- 理由：持続可能な社会や技術の進展について複数の観点から考察することで，消費倫理や技術倫理への理解を深めます。これにより，価値観の対立を解消し，持続可能な選択を促します。

実践モデル④
- 1時間目：教科書教材を中心に学び
- 2時間目：副教材を活用して多面的に考察
- 関連する新しい内容項目：［多様性の尊重，多文化共生］，［いじめ防止，他者尊重］
- 理由：副教材を使って多角的に学ぶことで，異なる文化や他者の視点を理解し，多様性の尊重や他者への共感力が深まります。この授業では，いじめの問題なども取り上げることで，他者を傷つけない意識を育てます。

第5章 道徳科における内容項目の再検討 77

実践モデル⑤

- 1時間目：教科書教材の理解
- 2時間目：物語の続きや行間を想像して考察
- 関連する新しい内容項目：［謙虚さ］，［平和の希求］
- 理由：物語の行間を想像し，キャラクターの行動を多面的に考えることで，謙虚さや平和の大切さに気づくことができます。創造的な思考を通じて，自己の内面を見つめ直し，他者への理解を深めます。

実践モデル⑥

- 1時間目：教科書教材の読解と価値観の共有
- 2時間目：深めた考えを発表
- 関連する新しい内容項目：［自己改善，成長への意志］，［他者貢献］
- 理由：他者と価値観を共有し，自己の考えを発表する活動を通じて，成長への意志や他者への貢献意識を高めます。自分の意見を他者と共有し，フィードバックを受けることで，自己改善を促進します。

実践モデル⑦

- 1時間目：道徳的価値についての思考
- 2時間目：自己振り返りと自己宣言
- 関連する新しい内容項目：［自己改善，成長への意志］，［いじめ防止，他者尊重］
- 理由：自己の行動を振り返り，自己改善に向けた宣言を通じて，他者尊重の精神を育みます。これにより，いじめ防止への意識が高まり，自己成長の意欲が強化されます。

実践モデル⑧

- 1時間目：教科書教材を基に学級内学習
- 2時間目：ゲストティーチャーや異学年との交流
- 関連する新しい内容項目：［多様性の尊重，多文化共生］，［おもてなし］
- 理由：異なる年齢層や外部のゲストと交流することで，多様な価値観を理解し，多文化共生の意識を高めます。また，他者に対して心を込めた対応を行う

「おもてなし」の精神も育成します。

実践モデル⑨
- 1時間目：道徳的行動の計画
- 2時間目：「道徳実践週間」の振り返り
- 関連する新しい内容項目：［自分から進んで，率先垂範］，［他者貢献］
- 理由：実践計画と振り返りを通じて，自ら率先して行動する力を養います。また，他者に貢献することで，社会的責任感や協調性が強化されます。

実践モデル⑩
- 1時間目：教科書教材の基礎的読解
- 2時間目：スモールステップで内容の深堀り
- 関連する新しい内容項目：［真理の探究］，［科学技術の進展と技術倫理］
- 理由：段階的に問題を掘り下げることで，真理の探究心を養います。また，科学技術やその倫理的側面について考えることで，技術の利便性と社会的責任を理解する力を育てます。

実践モデル⑪
- 1時間目：価値の考察
- 2時間目：反価値の影響を考察
- 関連する新しい内容項目：［規則の尊重，公正］，［持続可能社会の実現と消費倫理］
- 理由：価値の実践と反価値の影響を比較することで，公正や規則の尊重が重要であることを理解させます。さらに，消費行動の倫理的な側面も深く考察します。

実践モデル⑫
- 1時間目：ディスカッション
- 2時間目：ミニ探究活動
- 関連する新しい内容項目：［真理の探究］，［科学技術の進展と技術倫理］
- 理由：探究活動を通じて，子どもたちはエビデンスに基づいた道徳的判断を行い，真理を追究する力を育てます。また，技術倫理についての理解を深め，

第5章 道徳科における内容項目の再検討 **79**

社会の問題に対する責任感を高めます。

実践モデル⑬

- 1時間目：ディスカッション
- 2時間目：価値の実践ができない自分を見つめ，改善策を考察
- 関連する新しい内容項目：［自己改善，成長への意志］，［謙虚さ］
- 理由：自己の課題を見つけ，改善する方法を考える活動を通じて，自己改善の意欲が高まります。また，自分の弱点を認識し，他者からの意見を受け入れることで謙虚さが育まれます。

実践モデル⑭

- 1時間目：ディスカッション
- 2時間目：価値の実践を表現する創作活動（物語や4コマ漫画）
- 関連する新しい内容項目：［成長への意志］，［他者貢献］
- 理由：物語や漫画を通じて道徳的価値を表現する活動は，創造力を育てると同時に，他者に貢献する意識を高めます。自分の考えを他者に伝えることで，コミュニケーション力も強化されます。

実践モデル⑮

- 1時間目：個性の発揮
- 2時間目：道徳力アンケートと自己改善
- 関連する新しい内容項目：［成長への意志］，［医療倫理］
- 理由：自己診断を通じて，自己改善に向けた具体的な行動計画を立てます。医療倫理をテーマにすることで，命の尊さや他者の権利を尊重する意識が育まれます。

　これで，2時間道徳のすべての15個の実践モデルについて，新しい道徳科の「内容項目」との関連性を解説しました。この関連付けの手法により，各実践モデルが新しい内容項目の理解を深め，子どもたちの道徳的成長をさらに効果的にサポートすることが期待されます。

【参考文献】

田中博之「カリキュラム編成の特徴と今日的課題」田中博之『改訂版カリキュラム編成論』放送教育振興会、2017 年，pp.15-37

田中博之『教師のための ChatGPT 活用術』学陽書房，2024 年

第6章

2時間道徳で実現する「深い学び」とは

1. 深い学びの技法20選

　筆者は，フィンランドで提唱されている「学び方を学ぶ（Learning how to learn)」という考え方を参考にして，授業中に子どもたちが実際に学んで活用できる「深い学びの技法」を15個提案し，具体的な授業事例とともに詳しく解説しています（田中，2017)。資料1に，技法を20個に増やした最新版をあげておきます。

　「深い学びの技法」とは，例えば，学んだ知識を活用して課題や目標を設定する，視点・観点・論点を設定して思考や表現をする，複数の資料や観察結果の比較から結論を導く，視点の転換や逆思考をして考える，学んだ知識や技能を活用して思考や表現をする，友だちと練り合いや練り上げをする，原因や因果関係，関連性を探る，理由や根拠を示して論理的に説明する，既製の資料や作品を批判的に吟味検討する，学んだことを活かして次の新しい課題を作る，などです。

資料1 「深い学びの技法20」ver. 2.5

過程	技法	特徴
設定	①学んだ知識を活用して課題や目標を設定する	それまでに学んだ既習の知識を活用して，新たな発見や解決につながる学習課題や学習目標，成長目標を設定する。
	②知識やデータに基づいて仮説の設定や検証をする	思いつきや勘だけで考えるのではなく，既習知識やデータに基づいて見通しをもったり，仮説の設定や検証を行ったりする。
	③視点・観点・論点を設定して思考や表現をする	ただ漫然と考えたり対話したりするのではなく，視点・観点・論点を設定して焦点化した思考や判断，表現，評価をする。
	④R-PDCAサイクルを設定して活動や作品を改善する	ただ作って終わり考えて終わりの学習にするのではなく，R-PDCAサイクルを設定して活動や作品の改善を行う。
思考	⑤資料やデータに基づいて考察したり検証したりする	思いつきや勘だけで答えを当てるのではなく，叙述や資料，データに基づいて，それらを引用して自分の考えを形成し検証する。
	⑥複数の資料や観察結果の比較から結論を導く	複数の資料や観察結果を基に，それらを比較したり関連付けたりして共通点や相違点を検討し，しっかりとした結論を出す。
	⑦視点の転換や逆思考をして考える	異なる視点や逆のプロセスから考えたりして，相手の心情や自然現象，社会事象を多面的・多角的に考察し表現する。
	⑧異なる多様な考えを比較して考える	自分とは異なる多様な考えや意見を参考にして，自分の考えや意見を根拠や論理を明確にして形成したり再定義したりする。
解決	⑨学んだ知識や技能を活用して思考や表現をする	思いつきや勘ではなく，学んだ知識や技能を活用したり，それらを組み合わせて活用したりして，考えたり表現したりする。
	⑩友だちと練り合いや練り上げをする	対話を通して，改善課題を出し合ったり新しいアイデアを生み出したりして，考えや作品，パフォーマンスを練り上げる。
	⑪原因や因果関係，関連性を探る	自然現象や社会事象などの表面的な特徴だけでなく，その原因や背景，因果関係，文脈，他の現象や事象との関連性を探る。
	⑫学んだ知識・技能を活用して事例研究をする	一般的な制度やシステムの理解だけでなく，その知識を活用して身近な生活や社会に関する具体的な事例研究を行う。
表現	⑬理由や根拠を示して論理的に説明する	思いつきで考えるのではなく，理由や根拠を資料やデータを引用して，文章や式，図を組み合わせてわかりやすく説明する。
	⑭学習モデルを活用して思考や表現をする	思いつきではなく，しっかりとした学習モデル（思考や表現の技，基本型，アイテムなど）に基づいて思考や表現をする。
	⑮自分の言葉で学んだことを整理しまとめる	本や資料をそのまま要約するのではなく，既有知識を活用して自分なりの言葉や表現を工夫して書いたり話したりする。
	⑯要素的な知識や知見を構造化・モデル化する	調べたり集めたりした知識や情報，データ，知見などを総合的に組み合わせて，構造化やモデル化，抽象化をして表現する。
評価	⑰既製の資料や作品を批判的に吟味検討する	既製の資料や作品の正しさや根拠をそのまま受け取るのではなく，自ら他の資料やデータにあたって批判的に検討する。
	⑱身につけた資質・能力をメタ認知し成長につなげる	学習課題を解決する過程で，どのような資質・能力を身につけたのかをメタ認知して，次の自己成長への展望をもつ。
	⑲学習成果と自己との関わりを振り返る	学習成果を客観的に示すだけでなく，そこで得た学びの意義や価値を自分の考えや生き方と関連付けて考察し，価値付ける。
	⑳学んだことを活かして，次の新しい課題を作る	その授業や単元で学んだことから，次に取り組みたい新しい課題や疑問，問いを考えて，次の学びへとつなげる。

※キーワード　観点，活用，多様性，メタ認知，練り上げ，新規性，関連付け，構造化

第6章　2時間道徳で実現する「深い学び」とは　**83**

　言葉づかいはやや難しいのですが，各教科・領域で学期に1の重点単元を設定し，その中で「深い学びの技法」を3つから4つ選んで組み合わせて子どもたちに活用してもらうことを提案します。こうした深い学びの技法を活用した深い学びが生まれるような授業づくりをめざして校内研究授業を推進して欲しいと思います。

　それでは，次にいくつかの「深い学びの技法」を紹介し，その特徴について解説してみましょう。

技法1　既有知識を活用して思考や表現をする

　「深い学び」では，既習の基礎的・基本的な知識・技能を活用して問題解決をしたり，創作表現をしたり，実技実習を行ったりします。既習の知識・技能を活用せずに，0から考えて課題を解決するのではありません。

　どのような知識も先哲たちが先行研究をしっかりとふまえて，それに積み上げる形で新しい研究をして連綿として蓄積してきたものです。したがって，「深い学び」では，子どもたちを研究者に見立てて，知識を再発見したり再構成したりする能動的な活動をさせるときには，ただ結果として教科書に書かれた答えとしての知識を毎回新たに教えて覚えさせるのではなく，子どもたちが既有の知識・技能を活用してできる限り自分たちで規則性や法則，原因や因果関係を発見することが望ましいのです。

技法2　複数の資料や実験・観察結果の比較から結論を導く

　中央教育審議会答申や学習指導要領の総則の解説などに，「読解力」がすべての学習の基盤となる資質・能力（教科横断的な資質・能力）として提唱されるようになったのは，明らかに2000年から始まった，OECD の PISA 調査（読解力）で日本の子どもたちの成績がよくなかったからです。

　PISA 型読解力の特色の一つは，複数の資料や観察結果を基にそれらを比較して，共通点や相違点，関連性を検討ししっかりとした結論を出すことです。ここで，「複数の」というところがポイントになっていて，21世紀社会では一つの資料を精読して判断を下すだけでなく，複数の資料やデータに基づいて判

断をすることが重要になっているのです。

　そこで授業においては，教科書教材だけを精読するだけではなく，関連教材を比べ読みすることで共通点と相違点を深く読み取ることや，既習の資料の内容と新たに実施した観察や実験のデータを比較して結論を導くことなどが考えられます。

技法3　友だちと練り合いや練り上げをする

　「主体的・対話的で深い学び」の真骨頂ともいえる学習活動は，この技法にあげた「友だちと練り合いや練り上げをする」ことです。単に初発の感想や考えを持つだけなく，下書きの文章をそのまま清書するのでもなく，ペアやグループでの対話を通して，考えや作品，パフォーマンスを練り上げていくことが，「深い学び」になるのです。

　練り合いと練り上げによる「深い学び」によってこそ，一人ひとりの学びも協働的な学びも修正と改善を通してよりよいものに生まれ変わります。社会で活躍する専門家，例えば作家や研究者は推敲や校正を通して文章を書き換えますし，スポーツ選手は練習と試合で技を磨きます。子どもたちも，修正力や改善力を身につけておくことが必要です。

技法4　視点の転換や逆思考をして考える

　自然現象や社会事象，そして人間の心情などは，複雑で多面性を持つものであることから，その特徴を詳しく知るためには，視点を変えてみたり，異なる方法をいろいろと試してみたり，逆の方向から考えてみるとうまくいくことがあります。

　例えば，光は粒子という性質と波という性質の両方をあわせもっていることがわかっていますし，織田信長の業績は天下統一であるという反面で堺や京都の商人からすると過大な税金を取られ町を焼き討ちにあうという被支配の歴史でもあるのです。

　このように，視点を変えたり逆から見たりすると，思ってもいない真実が明らかになったり，興味深い事実やドラマが浮かび上がってくることが少なくありません。したがって学校教育ではそのために必要な思考の柔軟性や可塑性を

育てる「深い学び」が大切になるのです。

技法5　異なる多様な考えを比較して考える

　同じ問題を解くときにも，異なる多様な解決方法があります。同じ社会事象を見ても人によって価値観の違いから異なる意見が存在します。それぞれの方法や意見を並列しておくだけでなく，比較思考によってそれぞれのよさや問題点をしっかりと検討し自分の考えた解決方法や意見をより強固なものへと高めていくことが大切です。例えば，レポートを書く授業では友だちの多様な意見を比較しながら，それぞれの特徴やメリットとデメリットを主体的・対話的に検討して，自分の意見を深めることができます。その際に，ワークシートで意見の違いを対比させるレイアウトの工夫をしたり，観点を明確にして比較検討したり，反対意見に対する反論を用意させたりすることが大切です。

技法6　理由や根拠を示して論理的に説明する

　「深い学び」では，思いつきでなんとなく考えたことを話すのではなく，理由や根拠を資料やデータを引用しながらわかりやすく説明することが大切です。論理的で科学的な説明をする力は，「深い学び」で育てる資質・能力で最も大切な力なのです。

技法7　既製の資料や作品を批判的に吟味検討する

　既製の資料や作品の正しさや根拠をそのまま受け取るのではなく，他の資料やデータにあたって批判的に検討することも大切です。

　これについてよく行われているのは，いわゆるメディアリテラシーの授業です。新聞の社説やテレビ報道番組，TV コマーシャルや新聞広告を比較して読んだり視聴したりしながら，それぞれの立場や特徴を浮き上がらせ，それについての批評を書いたり，批評的なスピーチをするのです。メディア時代に生きる私たちが，メディアからの情報を鵜呑みにせず，自分の判断力で正確に深く読み解く力を身につけることが大切になっています。

　フィンランドでは，授業で使う資料に意図的な細工をしてわざと誤情報を組み入れておいて，それを指摘させるといった授業があるほどです。

技法 8　原因や因果関係, 関連性を探る

　次の「深い学び」の技法は, 自然現象や社会事象などの表面的な特徴だけでなく, その原因や因果関係, 他の現象や事象との関連性について探ることです。その中でも特に, 社会科は暗記教科になりやすく, 社会事象の現象面の背後にある原因や因果関係, 他の事象との関連性を子どもたちが発見する授業がなかなか行われにくい状況があります。

　そこで, 学習課題には「なぜ?」を取り入れて原因や因果関係を考えさせたり, 「どのような関係性があるか探ってみよう」という課題を設定して複数の資料を関連付けて考えさせたりしてみることが大切です。

　その際には, 原因や因果関係などを考える活動は難しいため, 資料を読み解く視点をヒントとして与えたり, 資料を比較すると原因が発見できるほどのやさしい資料を選んだりするなどの工夫や配慮が必要になります。子どもたちが発見したことはグループ間で発表して教え合いを促すようにします。なお, 必要に応じて最終的には短い講義をして知識の定着を図っても構いませんが, ワークシートを工夫することにより子どもたち同士の教え合いでしっかりとした知識を身につけるよう習慣付けることも大切です。

技法 9　視点・観点・論点を明確にして思考や表現をする

　これは, すべての技法と関連していますが, 子どもたちが思考・判断・表現をするときには, ただ漫然と考えたり対話したりするのではなく, 視点・観点・論点を明確にして焦点化した思考や表現をすることが大切です。

　このことによって, 思考や表現が改善されやすくなり, より「深い学び」が生まれます。子どもたちが使う視点・観点・論点は, 可視化して見やすくするとともに, それを活用して課題解決を促すことが大切です。

　なお, 現在では, 「深い学びの技法」を 20 個に増やしています。参考文献にあげた, 『アクティブ・ラーニング「深い学び」実践の手引き』(教育開発研究所, 2017 年)の書籍の関連ウェブサイトから一覧表のファイルをダウンロードすることができます。

第6章　2時間道徳で実現する「深い学び」とは　**87**

　以上のような「深い学びの技法」を3つか4つ組み合わせて，授業で子ども
たちに活用してもらうことで，「深い学び」を実現して，探究的な資質・能力
を育てることにつなげていきたいと思います。

2. 深い学びの技法と2時間道徳の15個の実践モデルの関連付け

　それでは，2時間道徳が「深い学び」になるために，どの技法を，どの実践
モデルで活用すればよいのかについて，具体的に考えてみましょう（技法につ
いては資料1を参照）。

**実践モデル①　1時間目は教科書教材に沿って考え（習得），2時間目は身
近な題材を自分事として捉える（活用）**

（関連する深い学びの技法）
① 学んだ知識を活用して課題や目標を設定する
⑨ 学んだ知識や技能を活用して思考や表現をする

　まず，「学んだ知識を活用して課題や目標を設定する」という深い学びの技
法が効果的です。教科書で得た知識を基に，身近な問題や状況を課題として設
定することで，学びがより現実的で具体的なものになります。課題を設定する
過程で，子どもたちは知識を応用し，新たな視点や目標を持つことが可能にな
ります。また，「学んだ知識や技能を活用して思考や表現をする」という技法
により，子どもたちは自らの考えや意見を表現する機会を得ます。これにより，
単なる理解にとどまらず，知識を実際にどのように生活に取り入れるかを深く
考えることができます。このプロセスは道徳的諸価値の内面化を助け，自分の
生活においてどのように価値を実践するかを具体的に考える力を育成します。
子どもたちは，価値を理論的に理解するだけでなく，それを自らの行動にどう
結びつけるかを探究することで，道徳的成長を深めます。

> **実践モデル②　　１時間目は教師の課題設定に沿って考え，２時間目は自分で問いを作って対話し解決する**

（関連する深い学びの技法）

② 知識やデータに基づいて仮説の設定や検証をする

③ 視点・観点・論点を設定して思考や表現をする

⑦ 視点の転換や逆思考をして考える

　ここで効果的なのが，「知識やデータに基づいて仮説の設定や検証をする」という技法です。子どもたちは，１時間目で得た知識を基に仮説を立て，その仮説が正しいかどうかを検証するプロセスを経験します。このプロセスを通じて，思考を深めると同時に，論理的な問題解決能力も向上します。また，「視点・観点・論点を設定して思考や表現をする」という技法も重要です。子どもたちは，自分の問いを設定する過程で，問題に対する複数の視点や論点を考慮することを学びます。この技法によって，単一の解決策に依存するのではなく，幅広い視点から問題を捉え，より豊かな議論が可能となります。さらに，「視点の転換や逆思考をして考える」という技法は，子どもたちが他者の意見を聞き，それを自分の考えと比較する過程で活用されます。これにより，柔軟な思考を養い，固定観念にとらわれずに様々な方向から問題を解決する力を身につけます。こうした対話と自己の問いを深めるプロセスが，子どもたちの道徳的成長と自己理解を一層深めます。

第6章　2時間道徳で実現する「深い学び」とは　**89**

> **実践モデル③　1時間目は主となる内容項目から考え，2時間目は副となる複数の内容項目を関連付けて考える**

（関連する深い学びの技法）

⑥　複数の資料や観察結果の比較から結論を導く

⑪　原因や因果関係，関連性を探る

⑯　要素的な知識や知見を構造化・モデル化する

　ここで活用されるのが「複数の資料や観察結果の比較から結論を導く」という技法です。複数の価値観や内容項目を比較することによって，それぞれの関連性や対立を明確にし，多面的に価値を捉える力が強化されます。また，「原因や因果関係，関連性を探る」という技法は，複数の道徳的諸価値がどのように影響し合い，結果としてどのような道徳的な判断が必要となるかを探究するプロセスで活用されます。これにより，子どもたちは道徳的諸価値がそれぞれ単独で存在するのではなく，様々な要素や状況が絡み合って影響を及ぼすことを学びます。さらに，「要素的な知識や知見を構造化・モデル化する」という技法によって，複数の価値を体系化し，構造的に整理する力が養われます。このプロセスでは，子どもたちが道徳的諸価値を一つのシステムやモデルとして捉えることで，価値観の統合的な理解が深まると同時に，複雑な問題にも柔軟に対応できる思考力が育まれます。

> **実践モデル④** 1時間目は教科書教材に沿って考え，2時間目は関連する
> 副教材を用いて多面的・多角的に考える

（関連する深い学びの技法）

⑧ 異なる多様な考えを比較して考える

⑦ 視点の転換や逆思考をして考える

⑪ 原因や因果関係，関連性を探る

　ここで活用されるのが「複数の資料や観察結果の比較から結論を導く」という技法です。複数の価値観や内容項目を比較することによって，それぞれの関連性や対立を明確にし，多面的に価値を捉える力が強化されます。また，「原因や因果関係，関連性を探る」という技法は，複数の価値がどのように影響し合い，結果としてどのような道徳的判断が必要となるかを探求するプロセスで活用されます。これにより，子どもたちは道徳的諸価値がそれぞれ単独で存在するのではなく，様々な要素や状況が絡み合って影響を及ぼすことを学びます。さらに，「要素的な知識や知見を構造化・モデル化する」という技法によって，複数の価値を体系化し，構造的に整理する力が養われます。このプロセスでは，子どもたちが道徳的諸価値を一つのシステムやモデルとして捉えることで，価値観の統合的な理解が深まると同時に，複雑な問題にも柔軟に対応できる思考力が育まれます。

第6章　2時間道徳で実現する「深い学び」とは　**91**

> **実践モデル⑤　1時間目は教科書教材に沿って考え，2時間目に物語の続きや行間を想像させて深く考えるようにする**

（関連する深い学びの技法）

⑦　視点の転換や逆思考をして考える

⑩　友だちと練り合いや練り上げをする

⑭　学習モデルを活用して思考や表現をする

⑯　要素的な知識や知見を構造化・モデル化する

　まず，「視点の転換や逆思考をして考える」という技法が有効です。物語を異なる視点から捉えることで，登場人物の立場や価値観の違いを理解し，もし違う展開があった場合にどうなるかといった逆思考を促すことで，子どもたちは物語の多面的な理解を深めます。また，「友だちと練り合いや練り上げをする」という技法も大きな効果を発揮します。友人と一緒に物語の続きや隠れた背景を議論することで，様々なアイデアが出され，子どもたち同士の意見を擦り合わせる過程で，道徳的諸価値に対する理解が練り上げられていきます。さらに，「学習モデルを活用して思考や表現をする」という技法では，物語の展開やキャラクターの行動を基に，道徳的価値のモデルやパターンを整理し，それに基づいて思考や表現を行うことで，より体系的な理解が深まります。そして，「自分の言葉で学んだことを整理しまとめる」という技法では，物語の考察を通じて得た洞察を，自分の言葉で整理することで，道徳的諸価値の内面化が進みます。これにより，子どもたちは物語の行間に隠された道徳的教訓を自らの生活に応用できるようになり，自己表現力も高まります。

> **実践モデル⑥**　１時間目は主に教科書教材に基づく読解と内容項目に関する自分の考えを交流し，２時間目に一人ひとりが深く考えて成長した自分の考えを発表する

（関連する深い学びの技法）

⑬　理由や根拠を示して論理的に説明する

⑮　自分の言葉で学んだことを整理しまとめる

⑱　身につけた資質・能力をメタ認知し成長につなげる

⑲　学習成果と自己との関わりを振り返る

　　まず，「理由や根拠を示して論理的に説明する」という技法は，他者に自分の考えを効果的に伝えるために重要です。子どもたちは，自分の意見や結論をしっかりと根拠づけ，論理的に説明することで，考えの質を高め，他者と共有します。また，「自分の言葉で学んだことを整理しまとめる」という技法は，自らの学びを明確にし，道徳的諸価値を内面化するためのステップとして有効です。学んだことを自分の言葉で整理することにより，理解が深まります。さらに，「身につけた資質・能力をメタ認知し成長につなげる」という技法を通じて，子どもたちは自己の道徳的成長を客観的に振り返り，自らの進歩を自覚します。このメタ認知のプロセスが，さらなる成長への意欲を高めます。加えて，「学習成果と自己との関わりを振り返る」という技法では，子どもたちがこれまでの学びを自分自身の生活や行動にどのように反映させるかを再確認します。こうして，自分がどのように成長したかを振り返りながら，今後どのような行動を取るべきかを考えるプロセスが，道徳的成長を一層促進します。

第6章　2時間道徳で実現する「深い学び」とは　93

実践モデル⑦　1時間目は教科書教材や関連資料を基にして道徳的価値について論理的に思考し，2時間目に道徳的行為の在り方に関して自分事として振り返りや自己宣言をしっかりと書いて発表することができる

（関連する深い学びの技法）

③　視点・観点・論点を設定して思考や表現をする

⑬　理由や根拠を示して論理的に説明する

⑲　学習成果と自己との関わりを振り返る

　まず，「視点・観点・論点を設定して思考や表現をする」という技法が重要です。子どもたちは道徳的諸価値を探究する際，複数の視点や観点を設定し，様々な角度から価値を考察することで，道徳的な議論を豊かにします。また，「理由や根拠を示して論理的に説明する」という技法により，子どもたちは自分の考えや意見を発表する際に，しっかりとした理由付けを行う力を身につけます。これによって，道徳的行為に対する自身の判断を論理的に他者に伝えることができ，価値の内面化が深まります。さらに，「学習成果と自己との関わりを振り返る」という技法を通じて，子どもたちは自分の行動や思考がどのように道徳的諸価値に結びついているかを振り返ります。これにより，自己宣言が単なる宣言にとどまらず，実際の行動に反映されるようになります。子どもたちは，自己を振り返り，今後の道徳的な行為や態度について具体的な目標を設定することで，道徳的成長を促進し，自らの行動変革へとつなげます。

> **実践モデル⑧**　　１時間目は教科書教材を中心とした学級内での学習を行い，２時間目に地域のゲストティーチャーや異学年・異学校種の児童生徒を呼んで多様な考え方や視点を取り入れた授業を展開できる

（関連する深い学びの技法）

⑧　異なる多様な考えを比較して考える

⑩　友だちと練り合いや練り上げをする

⑱　身につけた資質・能力をメタ認知し成長につなげる

　ここで効果的なのが「異なる多様な考えを比較して考える」という技法です。ゲストティーチャーや異なる学校の子どもたちがもたらす多様な視点を取り入れることで，子どもたちは自分自身の価値観や考えを再評価し，異なる意見との比較を通じて新たな気づきを得ることができます。また，「友だちと練り合いや練り上げをする」という技法を用いることで，子どもたち同士が意見を出し合い，それを擦り合わせるプロセスを経る中で，考えを深めていきます。多様な意見や視点を尊重しながら，協力して学びを深めることが，道徳的な対話力や他者理解を強化します。さらに，「身につけた資質・能力をメタ認知し成長につなげる」という技法も２時間目で重要です。多様な視点や意見に触れた後，子どもたちが自己の学びや成長を振り返り，メタ認知することで，道徳的成長を自覚します。これにより，自分がどのように他者の意見を受け入れ，学びを深めたかを明確にし，今後の学びにつなげることができます。このプロセスを通じて，道徳的な価値観の多様性や他者の視点を尊重する力が強化され，社会性や協調性が養われます。

第6章　2時間道徳で実現する「深い学び」とは　**95**

> **実践モデル⑨**　　**1時間目は道徳的行為の在り方を考えて自分が実践すべき**
> **行動を計画し，1時間目の後の「道徳実践週間」の振り返**
> **りを2時間目に行い考えを深める**

（関連する深い学びの技法）

④　R-PDCA サイクルを設定して活動や作品を改善する

⑱　身につけた資質・能力をメタ認知し成長につなげる

⑲　学習成果と自己との関わりを振り返る

　ここで有効なのが「R-PDCA サイクルを設定して活動や作品を改善する」という技法です。子どもたちは，1時間目で計画した行動を次の週の「道徳実践週間」で実践し，その結果を2時間目に振り返り，行動を改善するサイクルを通じて，実践的な道徳的成長を遂げます。このプロセスは，単なる理論的な学びではなく，実生活での行動と結びついているため，子どもたちは自分の行動を具体的に変える力を養います。また，「身につけた資質・能力をメタ認知し成長につなげる」という技法では，子どもたちが自己の行動を振り返り，どのように自分が成長したかをメタ認知することが重要です。実践を通じて得た学びや改善点を自覚することで，今後の道徳的行動に役立てることができます。さらに，「学習成果と自己との関わりを振り返る」という技法では，道徳的実践が自分自身にどのような影響を与えたかを考えます。これにより，子どもたちは自己の行動と学びを深く結びつけ，道徳的な価値観が自分の日常生活にどう反映されているかを具体的に理解します。実践と振り返りを通じて，道徳的成長がより確実に進み，子どもたちは自己改善を続けるための道筋を見つけ出すことができます。

　R-PDCA サイクルは，学校のカリキュラムや特色ある授業の在り方を，地域や子どものニーズに照らして診断（R：Research）し，見いだされた課題を計画（P：Plan）・実施（D：Do）・評価（C：Check）で検証。最後にその結果を反映させて改善（A：Action）することで，教育内容をパワーアップできる仕組みです。例えば，新しい単元開発や指導法の創意工夫に応用できます。

> **実践モデル⑩**　1時間目は教科書教材の基礎的な読解を中心に行い，2時間目に教材に内在する内容的・認識的な飛躍をスモールステップで埋めていく

（関連する深い学びの技法）

② 知識やデータに基づいて仮説の設定や検証をする

⑤ 資料やデータに基づいて考察したり検証したりする

⑯ 要素的な知識や知見を構造化・モデル化する

　ここで効果的なのが「知識やデータに基づいて仮説の設定や検証をする」という技法です。教材に内在する内容や認識のギャップを子どもたちが捉え，それに基づいて仮説を立て，その仮説を具体的に検証することで，子どもたちの論理的思考力が育まれます。さらに，「資料やデータに基づいて考察したり検証したりする」という技法も重要です。子どもたちは，教材に含まれる事実やデータを基に，物事を深く考察し，飛躍を埋める過程で論理的な検証を行います。これにより，道徳的諸価値を単に表面的に理解するだけでなく，その価値がどのように現実に適用されるかを深く考える力が育まれます。そして，「要素的な知識や知見を構造化・モデル化する」という技法を活用することで，スモールステップの各段階で得た知識を整理し，体系化する力が強化されます。これにより，子どもたちは道徳的な価値観を単なる抽象的な概念として捉えるのではなく，具体的かつ段階的に理解し，それを現実世界で実践するための道筋を明確にすることができます。スモールステップで学びを深めていくプロセスが，子どもたちの道徳的成長を着実に進める効果を持っています。

> **実践モデル⑪**　**１時間目は教科書教材を用いて道徳的価値とその行為のよさについて考え，２時間目ではその価値を実践しないときに発生する反価値の実践が引き起こす状況の特徴と問題点について考える**

（関連する深い学びの技法）

⑪　原因や因果関係，関連性を探る

⑰　既製の資料や作品を批判的に吟味検討する

⑲　学習成果と自己との関わりを振り返る

　まず，「原因や因果関係，関連性を探る」という技法が非常に効果的です。子どもたちは道徳的諸価値が実践されなかった場合に何が起こるか，その原因や影響を具体的に探ることで，道徳的な行動の重要性をより深く理解することができます。これにより，価値が現実の行動にどのように結びつくかを論理的に捉える力が養われます。また，「既製の資料や作品を批判的に吟味検討する」という技法も，反価値が引き起こす問題を分析する際に効果を発揮します。子どもたちは，教材に基づいて反価値の実践がどのような影響をもたらすかを批判的に考察し，道徳的諸価値の欠如が社会や人間関係に与える悪い影響について深く考えることができます。さらに，「学習成果と自己との関わりを振り返る」という技法を通じて，子どもたちは自身の行動や考えを振り返り，道徳的諸価値をどのように実生活に取り入れていくべきかを考えます。このプロセスにより，道徳的諸価値の内面化が強化され，子どもたちは反価値の実践が自分にどのような影響を与えるかを自覚し，より道徳的な行動を選択する意識が高まります。反価値を具体的に考えることで，道徳的諸価値の必要性が一層明確になり，子どもたちの自己反省と改善の意欲が育まれます。

> **実践モデル⑫**　1時間目は教科書教材に基づいてディスカッションをして，2時間目にミニ探究活動として自分の道徳的な問いに基づいて調査活動を行い具体的なエビデンスに基づく道徳的な判断を交流し発表する

（関連する深い学びの技法）

⑤　資料やデータに基づいて考察したり検証したりする

⑨　学んだ知識や技能を活用して思考や表現をする

⑫　学んだ知識・技能を活用して事例研究をする

　まず，「資料やデータに基づいて考察したり検証したりする」という技法が，2時間目の調査活動において大きな役割を果たします。子どもたちは自分の問いに対する答えを，具体的な資料やデータを用いて検証し，その結果を基に道徳的な判断を形成します。これにより，道徳的諸価値の理解が理論的かつ実証的なものとなり，深みが増します。また，「学んだ知識や技能を活用して思考や表現をする」という技法では，1時間目の対話活動で得た知識を基に，子どもたちが自らの探究結果を表現します。これにより，知識が単なる記憶にとどまらず，具体的な問題に応用されることで，道徳的な判断力と表現力が養われます。さらに，「学んだ知識・技能を活用して事例研究をする」という技法を活用することで，探究活動の成果をより深く検討し，実際の事例を通じて道徳的な問題を多面的・多角的に考察することが可能となります。子どもたちは自分の問いに対する答えをエビデンスに基づいて示し，それを他者と共有することで，道徳的諸価値がより現実的なものとして内面化され，批判的思考力や探究力も強化されます。

実践モデル⑬	1時間目は教科書教材に基づいてディスカッションをして，2時間目には，その価値の実践ができない自分を見つめ，できるようになる方法を考えて発表する

（関連する深い学びの技法）

⑬ 理由や根拠を示して論理的に説明する

⑮ 自分の言葉で学んだことを整理しまとめる

⑲ 学習成果と自己との関わりを振り返る

　まず，「理由や根拠を示して論理的に説明する」という技法が重要です。子どもたちは，自分がその価値を実践できなかった理由を論理的に説明し，その背景にある問題点や課題を明確にすることで，自己反省がより深まります。また，「自分の言葉で学んだことを整理しまとめる」という技法により，子どもたちは価値を実践するための具体的な方法を自分自身で考え，言語化します。この過程で，子どもたちは学んだ内容を自分の生活や行動にどう適用するかを明確にし，自己改善の意欲を高めます。さらに，「学習成果と自己との関わりを振り返る」という技法を用いることで，自己の行動や態度を振り返り，道徳的諸価値が自分の生活にどのように影響を与えているかを理解します。これにより，子どもたちは自分自身の行動変容に向けた計画を立て，その価値を実践するための具体的なステップを明確にします。このプロセスを通じて，子どもたちは自己認識力と自己改善力を高め，道徳的成長が促進されます。

実践モデル⑭	１時間目は教科書教材に基づいてディスカッションをして，２時間目には，その道徳的価値を実践することの大切さを訴える，オリジナルの創作物語や４コマ漫画を作って交流する

（関連する深い学びの技法）

⑨ 学んだ知識や技能を活用して思考や表現をする

⑩ 友だちと練り合いや練り上げをする

⑭ 学習モデルを活用して思考や表現をする

⑮ 自分の言葉で学んだことを整理しまとめる

　まず，「学んだ知識や技能を活用して思考や表現をする」という技法が大変効果的です。子どもたちは１時間目で学んだ価値を基に，２時間目で物語や漫画を創作し，その価値を表現します。このプロセスを通じて，単なる知識の理解にとどまらず，実際に価値を具現化することで，道徳的諸価値が内面化されます。また，「友だちと練り合いや練り上げをする」という技法を用いることで，子どもたち同士が創作物を通じて意見を出し合い，互いのアイデアを共有しながら価値を深めます。これにより，協働的な学びが促進され，より多様な視点から道徳的諸価値を捉えることが可能となります。さらに，「学習モデルを活用して思考や表現をする」という技法を活用することで，子どもたちは道徳的な価値を創作物に組み込み，それを構造的に表現します。この過程では，価値のモデル化が行われ，抽象的な概念を具体的な表現として具現化する能力が養われます。「自分の言葉で学んだことを整理しまとめる」技法も活用され，創作物の制作を通じて得た学びや気づきを自分の言葉で振り返り，それを他者に伝える力が強化されます。このプロセスにより，子どもたちは道徳的諸価値を実生活で実践する意識が高まり，自分の行動や価値観を他者に伝える力が育まれます。

第6章　2時間道徳で実現する「深い学び」とは　**101**

> **実践モデル⑮**　**1時間目は自分の個性や成長について考えて，2時間目には，道徳力アンケートで自己診断をして結果をレーダーチャートにして，自己診断をして自己改善の方法を考える**

（関連する深い学びの技法）

⑱　身につけた資質・能力をメタ認知し成長につなげる

⑲　学習成果と自己との関わりを振り返る

⑳　学んだことを活かして，次の新しい課題を作る

　まず，「身につけた資質・能力をメタ認知し成長につなげる」という技法が重要です。子どもたちは自己診断の結果を基に，自分がどのような道徳的資質・能力を身につけ，どの部分でさらなる道徳的成長が必要かを客観的に捉えます。メタ認知を通じて，自分の強みと弱みを理解し，次のステップへ進むための基盤が築かれます。また，「学習成果と自己との関わりを振り返る」という技法も非常に効果的です。子どもたちは，道徳力アンケートを通じて自分がこれまでに学んだことを振り返り，それが自分の生活や行動にどのように影響を与えているかを具体的に認識します。この振り返りのプロセスにより，道徳的成長が自己の行動や生活にどう結びついているかを再確認します。さらに，「学んだことを活かして，次の新しい課題を作る」という技法を活用することで，子どもたちは自己改善のための具体的な行動計画を立て，次のステップでどのような課題に取り組むべきかを考えます。このプロセスを通じて，子どもたちは自己診断の結果を次の学びや行動に活かし，自分の道徳的成長を促進するための明確な目標を設定することができます。

　このように，各タイプの2時間単元の授業は，それぞれの「深い学び」の技法と密接に関連しています。これにより，子どもたちは深い学びを実現し，道徳的成長を促進することができます。

【参考文献】
田中博之『フィンランド・メソッドの学力革命』明治図書出版，2008 年
田中博之『学級力が育つワークショップ学習のすすめ』金子書房，2010 年
田中博之『アクティブ・ラーニング「深い学び」実践の手引き』教育開発研究所，
　　2017 年
田中博之『「主体的・対話的で深い学び」学習評価の手引き』教育開発研究所，2020 年
田中博之『高等学校 探究授業の創り方』学事出版，2021 年

第7章

2時間道徳の実践事例に学ぶ

　それでは，これまでに解説してきた2時間道徳の理論を用いて開発した授業の事例を，2時間道徳の実践モデルの数に合わせて，15事例紹介します。

　なお，これらの事例の掲載にあたっては，学校長と学級担任の許可をとっています。また，児童生徒の個人情報保護と肖像権保護の観点から，名前と顔が見えないように画像処理を行いました。

実践モデル① 中学1年　題材名「いじめといじり」

実践モデル② 中学3年　題材名「二通の手紙」

実践モデル③ 小学5年　題材名「手品師」

実践モデル④ 小学6年　題材名「まんがに命を―手塚治虫―」

実践モデル⑤ 小学3年　題材名「さと子の落とし物」

実践モデル⑥ 小学2年　題材名「生きているから」

実践モデル⑦ 小学4年　題材名「つくればいいでしょ」

実践モデル⑧ 中学2年　題材名「手紙　拝啓　15の君へ」

実践モデル⑨ 小学3年　題材名「宿題」（自作）

実践モデル⑩ 小学4年　題材名「お母さんの請求書」

実践モデル ⑪ 小学４年　題材名「『まっ，いいか』でいいのかな？」

実践モデル ⑫ 小学５年　題材名「命の種を植えたい　緒方洪庵」

実践モデル ⑬ 小学６年　題材名「あこがれのパティシエー好きな道を歩む」

実践モデル ⑭ 小学５年　題材名「道徳物語」を作ろう（自作）

実践モデル ⑮ 小学４年　題材名「道徳力はなぜ必要か」（自作）

第7章　2時間道徳の実践事例に学ぶ　**105**

実践モデル①	張旭市立旭中学校　彦田泰輔教諭 １年　題材名「いじめといじり」 内容項目　相互理解，寛容 主題名　いじめといじりの違いは？ 『中学道徳　とびだそう未来へ１』教育出版

１．この実践の概要

　この授業は，中学生たちが日常的にやっている友だちをいじることが，いじめにつながってしまうことを理解し，それを未然に防止することをねらいとしています。

　興味深いことに，この教科書教材は，生徒にとって親しみやすいマンガ形式になっています。クラスのある女子生徒が，友だちから軽い気持ちでいじられたことを気に病んで，転校してしまうというストーリーです。

　中学生にとって身近な例であるとともに，わかりやすいマンガという形式で問題状況を理解しやすい教材になっています。それぞれの時間の学習課題は，以下の通りです。

（１時間目の学習課題）いじりといじめの違いは何だろう？

（２時間目の学習課題）いじめにしないためにすべきことは何だろう？

　また，この授業を学習指導要領が求める課題解決的な学習に近づけるために，教師からの発問をなくして，生徒に深い思考を迫る学習課題や問いを設定して，それを生徒たちが主体的・対話的に解決できるようにしました。もはや，教師からの発問によって道徳の授業をする時代ではありません。

　さらにこの趣旨を徹底するために，カードゲーム形式を採用して，カードに書かれている道徳的な問いに対話を通して答えていくことで，自らの人間としての生き方を深く考えることができるようにしました。

（ゲームの設定）

◎いじめを乗り越えるため，いじめ問題を解決するため，あなたは何を大切にしたいですか？

２．２時間道徳としての特徴

　この実践の２時間道徳のタイプは，実践モデル①の「１時間目は教科書教材に沿って考え（習得），２時間目は身近な題材を自分事として捉える。（活用）」です。オーソドックスな２時間構成になっていますが，２回のカードゲームを取り入れることで生徒たちの活発な対話を生み出すことができました。

【２時間道徳のモデル】

① 　１時間目は教科書教材に沿って考え（習得），２時間目は身近な題材を自分事として捉える。（活用）

　１時間目は，教科書のマンガ教材を用いて，いじめといじりの違いを考えるワークショップです。教師からの補助発問を排して，生徒たちの主体的な対話が起きるように，カード（モラルクエスチョンカード）にはいくつかの道徳的な問いが書いてあり，それに応える形で班の対話が進んでいきます。

（カードに書かれた道徳的な問いの例）

・いじりをした方が，なぜ相手の気持ちに気づきにくいのだろう？
・いじりをされた方は，何を感じただろう？
・お互いの気持ちを伝え合うとき，どのような心構えが必要？
・いじりをされた方は，なぜ言い返さなかったのだろう？

　次に，２時間目は，自分の考えに合っているカードを集めるゲームになっています。カードには，それぞれいじめをなくすための道徳的な考えや行為が書いてあります。真ん中に置いたカードの山から，一人一枚ずつ選んで，それがいる場合にはいらないカードを手持ちから一枚捨てます。友だちが捨てたカードを拾っても構いません。そうして，山がなくなったらゲームは終わりです。最後に手持ちの３枚のカードを基にして，なぜそれらを選んだのか，そしてその３枚のカードがどのような意味で学習課題の解決につながるのかを説明します。

　楽しいカードゲームをしながらも，自分が選んだ道徳的判断や道徳的行為について，その理由や根拠を示して具体的なエピソードや体験を基にして対話することで深い気づきが生まれていきます。

3．写真で見る1時間目の様子

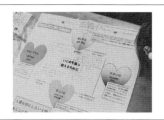 単元を貫く学習課題とワークシート	 教科書教材の漫画を読んでいる
 隣同士で，課題について対話する	 モラルクエスチョンカードを引く
 カードに書いてある道徳的な問い	 左回りに問いについての考えを述べる
 自分なりの解決について発表する	 ワークシートに深まった考えを書く

4．写真で見る2時間目の様子

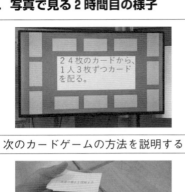 次のカードゲームの方法を説明する	 カードの交換の仕方を説明する
 カードに書かれている道徳的判断	 カードを引いたり捨てたりする
 自分の生き方に近いカードを集める	 集めたカードの理由や根拠を話す
 ワークシートにさらに追記する	 いじめを防ぐ上で大切なことを発表

5．実践の成果と子どもの道徳的成長

　この実践に入る前に，彦田先生は，生徒たちがいじめに関わる考えを主体的に対話を通して深めて広げるために，単元を貫く学習課題「いじめを乗り越えるため，いじめ問題を解決するため，あなたは何を大切にしたいですか？」という問いを中心に置いたワークシートを作成しました。

　このワークシートは，生徒にとっては負担になる活動ですが，いじめは生徒たちにとって最重要なテーマであるとともに，自分の考えが具体的に深められたり広がったりすることが実感できるように工夫されているため，真剣にワークシート作成の課題に取り組んできました。

　生徒たちが多面的・多角的に考えられるように，このワークシートには，4枚の真心カードが貼られています。それぞれに，「信じる心（友情・信頼）」「大切にする心（遵法精神，公徳心）」「正しい心（公平・公正・社会正義）」「大きい心（相互理解・寛容）」です。この実践では，学習指導要領で求められている「複数の内容項目を関連付ける指導の工夫」を行っています。

　真心カードは，生徒にわかりやすい優しい言葉で，内容項目の可視化・操作化・言語化を促すために開発された道徳ツールです（参考文献参照）。

　最後に，生徒たちが到達した深い考えの例を挙げておきましょう。

- いじりとは，いじっている側といじられている側が笑顔でいられて，楽しいこと。いじめは，その人自身を否定し，一方的に言葉を投げかけること。
- いじめをなくすには，1人1人が思いやりの心を持つこと，勇気を出して声をかけることが必要。
- いじり発言する前に，言っていいのか考える。
- いじめは，自分の生きる価値，希望を失うからだめ。
- お互いの気持ちを伝え合うには，相手のことを考える思いやりと，直接自分の気持ちを思いきって伝える勇気が必要。

　こうしたカードゲームとワークシート，学習課題の工夫によって，それぞれの時間で20分以上もの生徒主体の対話が続きました。2時間道徳ならではの実践の醍醐味が感じられる大きな学習成果が上がりました。

実践モデル②	飯塚市立飯塚鎮西中学校　山田誠一教諭
	3年　題材名「二通の手紙」
	内容項目　遵法精神，公徳心
	主題名　規則はいつでも守るべきか
	『中学道徳3　とびだそう未来へ』教育出版

1．この実践の概要

　この実践は，中学校の道徳の定番教材である「二通の手紙」を用いて，生徒が教材文の中から友だちとの対話によって理解を深めたい箇所を選び，道徳的な問いを自ら設定することで主体的・対話的に探究することをねらいとしています。

　この教材は，長らく学校の先生方の指導意欲を高める豊かな内容を持つからこそ定番教材になっているのです。そして，その豊かさは，この教材文が中学生の道徳的判断力を育てる上で適切な葛藤状況を設定しているからに他なりません。二人の子どもたちの母親から届いた感謝の手紙と，動物園の上司から届いた懲戒処分の手紙の間で，規則を守ることが絶対なのかどうかを深く考えられる優れた教材です。

　しかし大変残念なことに，この教材文を扱うときにも，慣習的に1時間で授業を終えようとするために，その豊かさを生かしきれていないのです。

　規則の遵守を優先すべきなのか，ギリギリのグレーゾーンの中で子どもたちの夢を叶えてあげることを優先すべきなのか。規則論と愛情論のどちらが常に優先されるべきなのか。もし2時間道徳ならば，多感な中学生たちが，豊かな対話を通して多様で多面的な考察をすることが可能です。

　主人公の元さんは，自分の取った行動に満足した笑みを浮かべて退職していきますが，それは個人的な満足であり，組織として来園者の安全を守るべき責任を放棄したままでよかったのだろうか。多くの疑問がモヤモヤした中で残っていきます。それを，2時間道徳で2時間目に生徒たちが問いを設定して主体的に探究して行くようにしました。

２．２時間道徳としての特徴

　この実践の２時間道徳としてのタイプは，実践モデル②の「１時間目は教師の課題設定に沿って考え，２時間目は自分で問いを作って対話し解決する。」です。

【２時間道徳のモデル】

②　１時間目は教師の課題設定に沿って考え，２時間目は自分で問いを作って
　対話し解決する。

　１時間目には，教科書に記載されている通り，「元さんの取った行動についてどう思うか？」という問いについて，教材文を参考にして考えます。あまり教材文の読解に時間をかけすぎると，「考え，議論する」道徳の授業にはならないので，基本的な読解が終わると，この問いについて賛成派と反対派に分かれて，教材文の中の具体例や自分の体験談を基にして，クラス全体でフリー討論を行いました。

　どちらか一方を正解とするのではなく，どのような理由や根拠を持ってそう考えたのかを，生徒同士の自由な対話と質疑応答によって促しました。そして，ワークシートに自分の深まった考えを整理して書きました。

　そして，２時間目には，探究的な学習の考えを取り入れて，生徒たちがそれぞれ自分なりの道徳的な問いを本文の叙述を参考にして設定し，生徒同士の対話によって解決策や深い考えを生み出すようにしました。つまり，１時間目の対話を通して，もう一度教材文に戻り，深い読みを得るようにしたのです。

　生徒たちの多くは，「なぜ，元さんは子どもたちと一緒に園内を回らなかったのだろう？」という疑問を持っていました。小学生以下の小さな子どもは，保護者同伴でなければならないという安全のための規則を知っていながら，安全確保のためにせめても子どもたちと一緒に園内を案内しなかったことに疑問を感じ，その原因や問題点について意見を交わしました。

　こうした深い問いに基づく問題解決的な学習が，２時間道徳なら成立するのです。

3．写真で見る1時間目の様子

 教師が教科書教材を範読する	 問いに対する賛成・反対の理由を書く
 班で多様な考えを交流する	 賛成か反対か，ネームカードを貼る
 クラス全体で対話をする	 賛成派と反対派に分かれて深く考える
 意見の両面から理由や根拠を書く	 それぞれの多様な理由を整理しておく

第7章　2時間道徳の実践事例に学ぶ　113

4．写真で見る2時間目の様子

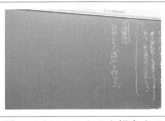 問いづくりのめあてを板書する	 教材文で疑問に思う箇所に線を引く
 元さんが同伴しない所に線を引く	 ワークシートに問いを書く
 カードに自分の問いを書く	 カードを班で共有し対話する
 その問いを設定した理由を述べる	 決まりがある理由を考えて発表する

5．実践の成果と子どもの道徳的成長

　1時間目の議論からは，賛成派と反対派それぞれに，次のような考えが出されました。

（賛成派）
• 罰を受ける覚悟で子どものためにしたことは，いいことじゃないか
• 弟の誕生日でお金ももってきているから，入れてあげないとかわいそう

（反対派）
• 子どもにもし何かあったら，取り返しがつかない
• 決まりは大人が子どもに教える立場なのに，それを破ってはいけない

　現実の社会では，元さんが取った行動は，子どもの安全と組織としての規則遵守義務を考えると，反対すべきです。処分も当然でしょう。

　また，元さんの心の中に，退職前の気の緩みや高齢者が持ちがちな小さな子どもへの過度な愛着などはなかったでしょうか。現実の社会では，こうしたことも問題と受け止められるのです。

　実際の中学生の意見としては，上記にあるように，素朴な愛情論やお金の問題という，安全を最優先にすべき社会的組織の義務からすると瑣末なことを考えがちなのです。しかし，そうした素朴論をもつ生徒たちの思考の傾向を大切にしなければ，実感の伴った主体的に考える道徳科学習は実現しません。この豊かな複雑性を持つ教材でこそ，ゆっくりと立ち止まって深く考える時間，つまり自己内省と自己修正が必要なのです。

　そこで，2時間道徳の1時間目に時間を十分に取って，こうした素朴論や愛情論を出させて対話することで，反対派の意見を参考にして少しずつ，「決まりは命を守り安全な暮らしを実現するためにあり，社会はそのために決まりを設定しているので，人々はそれを守らなければならない」という深い道徳的判断に至るようにするために，2時間目の道徳的探究が必要になってくるのです。

　この授業で，生徒たちは，自分で設定した問いを班のみんなで考えて，答えを見つけ合うことを楽しんでいました。友だちの深くて多様な見方・考え方は，こうした生き生きした2時間道徳から生まれてきました。

第7章　2時間道徳の実践事例に学ぶ　**115**

| 実践モデル③ | 東京都中央区立京橋築地小学校　黒島健太教諭
5年　題材名「手品師」
内容項目　正直，誠実　　主題名　誠実に生きる
『私たちの道徳　小学校5・6年』文溪堂 |

1．この実践の概要

　この授業は，道徳の定番教材である「手品師」を用いて，子どもたちに誠実さの大切さについて考えさせるとともに，2時間道徳によって連続する2時間目に，「親切，思いやり」というもう1つの内容項目から問題場面について多面的・多角的に考えるようにすることをねらいとしています。

　この教科書教材も，長年道徳教育の中で支持されてきたものであるだけに，考える材料や視点を豊かに与えてくれる優れた教材です。しかし，だからこそ1時間で道徳的価値について表面的に浅く学ぶのではなく，2時間道徳によって，道徳科の目標に示されているように，「物事を多面的・多角的に考え，自己の生き方についての考えを深める」ことができるようにしなければなりません。

　この教材で，1時間だけで授業を終える時には，「手品師は少年と約束をしたのだから，それを守らなければならない」といった単純な形式道徳が出やすいことが問題になります。特に，学級経営が硬直していて，子どもたちが素直で自由に意見が言える雰囲気がないクラスでは，表情や声色から学級担任の教師の意図を汲み取って，「手品師は少年との約束を守る方がよい」といったきれい事が子どもたちから多く出てくるので，注意が必要です。これでは，「考え，議論する道徳」にはなりません。

　さらに，「少年の側の誠実さについて考えていない」「手品師の成人として大切な勤労の義務や報酬の確保について考えていない」「大劇場か少年との約束かという形式的な二分法で考えていては，実社会で生きて働く粘り強い道徳的判断にはならない」などの多くの問題点が解決されません。

２．２時間道徳としての特徴

そこでこの実践では，２時間道徳の実践モデルとして，③「１時間目は主となる内容項目から考え，２時間目は副となる複数の内容項目を関連付けて考える。」を選んで単元構成をすることにしました。

　１時間目には，少年との約束を守る手品師の果たすべき「誠実」な道徳的行為について考え，２時間目には，それと関連して，少年側が「親切，思いやり」や「感謝」という道徳的諸価値からみて，夢であった大劇場での仕事をあきらめたことを補償するような少年の道徳的実践の在り方について考えるようにしました。

【２時間道徳のモデル】

③　１時間目は主となる内容項目から考え，２時間目は副となる複数の内容項目を関連付けて考える。

　具体的には，２時間目には，大劇場の支配人に宛てた手紙を少年が書くという設定にして，「親切，思いやり」や「感謝」という道徳的諸価値の実践につながる文章を子どもたちが工夫して書くようにしました。

　他の活動内容の在り方として，「手品師が大劇場に行った後に，どのようにして少年に謝り，代わりに大劇場での手品を見せてあげるか」という「正直」「信頼」という内容項目に関する対話を設定してもよいでしょう。

　少し解決策としては飛躍があり過ぎるかもしれませんが，現代社会では事前にスマホで連絡が取れるのですから，少年に宛てたショートメールで事情を説明して後日大劇場に招待するという「新たな誠実な約束」をすれば，少年もさらに幸せを感じるかもしれないのです。スマホを持っていない場合には，手品師の友だちを伝令として事前に派遣して，お詫びと新たな約束を伝えるようにすればよいでしょう。

　こうした，「現実的で粘り強い補償的な道徳的実践の工夫」を考える力を育てる道徳科教育の在り方を生み出すことが，真に，道徳科の目標を達成することにつながるのです。きれい事としての形式道徳で反応するだけの浅い学びで終わってしまってはいけません。

　ここに，道徳科の深い学びがあるのです。

第7章　2時間道徳の実践事例に学ぶ　117

3．写真で見る1時間目の様子

 導入でトランプの手品を披露する	 教科書教材を途中まで範読する
 問題状況を自作イラストで可視化する	 付箋にどちらを選ぶべきかを書く
 黄色が大劇場，ピンク色が少年を選択	 両方の選択肢を両立させる意見も
 心の円グラフで選択肢の割合を話し合う	 画用紙の上で，それぞれの考えを整理して可視化する

4．写真で見る2時間目の様子

 物語の続きを読み結末を知らせる	 その後，手品師の暗い表情を提示する
 少年になって大劇場に手紙を書く	 手品師を採用してくれるよう懇願する
 近くの友だちと手紙を共有する	 支援として道徳的価値の例を示す
 自分で考えた道徳的価値を書く	 自分で考えた道徳的価値を発表する

第7章　2時間道徳の実践事例に学ぶ　**119**

5．実践の成果と子どもの道徳的成長

　この実践では，1時間目に教科書教材を一気に最後まで読んでしまっていません。道徳の授業では，こうして途中まで読んで，その次を予想して考えさせて，いくつかの選択肢のそれぞれの道徳的なよさと問題点について検討させることがあります。これを，「中止め読み」と呼んでおくことにしましょう。

　1時間目の授業では，手品師が少年のところに手品を見せに行く直前の段落までで「中止め読み」をしたために，子どもたちからは，次のような多様な道徳的行為の選択肢が出てきました。ある児童は，「約束は必ず守るべきだ」と考え，またある児童は，「大劇場で成功してから少年に会いに行ってもいい」という意見を持っていました。さらに，興味深いことに，両方の意見を両立させるように考えて，「当日は大劇場に出るけれど，後日大劇場のチケットを少年にプレゼントして手品を見せてあげる」という解決策を考えた児童もいました。こうして，道徳科の目標である「物事を多面的・多角的に考え」ることができました。

　次に2時間目の冒頭で，黒島先生は，手品師が少年との約束を守り，大劇場への出演の依頼を断ったというお話のパートを読みました。そうすると，子どもたちは一瞬静まり返って，ある児童から「やっぱり，きれい事なんだ」というあきらめと失望のような声が上がりました。きっと，1時間目に頑張って多様な考え方を検討して見方が広がったのに，残念だという気持ちだったのでしょう。

　こうした「きれい事」というように，定番教材として古くからある道徳教材を子どもたちが捉える授業事例は，増えているように感じます。それだからこそ，2時間道徳によって，きれい事で済まさずに，深く考える道徳科教育を実施しなければならないのです。子どもたちは，きっとそう望んでいるはずです。

　そこで，黒島先生は教材を読み終えてから，実はこの後に続きのお話があるということを語り始めました。子どもたちが，せっかく多面的・多角的な道徳的行為の在り方を考えたのに，その努力を無にしてはなりません。

　「手品師は，少年に手品を見せてあげてから，元気がない顔をしていました。

少年も手品師の様子を見て，かわいそうだと感じ始めます。」

　そういいながら，黒板に貼っていた手品師と少年のイラスト画を裏返すと，写真のように悲しくて失望している二人の様子が見えました。実は，最初からこうした展開を予想して，ポジティブとネガティブの両面でイラストを書いていたのです。これも，人間がある道徳的行為をしたならば，その結果はポジティブとネガティブの両面の結果，さらには，短期的効果と長期的効果の両面の結果がもたらされることを深く考えるきっかけにしたかったのです。

　１時間目のように，手品師が取りうる道徳的行為の多様性について考えることも尊いことですし，逆に，手品師が少年に手品を見せることを選択することがあり得る以上は，そこで失ったものを補償すること，つまり，「少年にできる誠実さの行為」を考えることも教育的に意味のあることなのです。

　そうすると，ある児童が，「そうだったら，少年が何か手品師のためにしてあげたらいいと思います。」と発言してくれて，次の展開にスムーズに移ることができました。

　黒島先生は，その発言を受けて，「では，皆さんが，もし少年の立場だったとしたら，手品師を助けるために大劇場に手紙を書いてくれないでしょうか」と投げかけました。

　そのような誘いに子どもたちは再び意欲を盛り返して，思い思いに，便箋に似せた手紙カードには，大劇場の支配人へこの手品師を雇ってくれるように懇願する思いや，手品師の人柄のよさを褒める言葉などが，次々と綴られていきました。

　最後には，その言葉が表す道徳的価値について一文にして，友だちと共有したり，発表したりしました。

　つまり，手品師の誠実な心に応えるために，子どもである少年は何をすべきかについて，自分なりに，「感謝」や「親切」「相手の立場に立って考えること」「思いやり」などの観点で考えていました。

　これまでにない，全く新しい深い道徳科学習が生まれた瞬間でした。

第7章 2時間道徳の実践事例に学ぶ 121

実践モデル④	東京都台東区立上野小学校　橋爪恵教諭
	6年　題材名「まんがに命を―手塚治虫―」
	内容項目　真理の探究　　主題名　真理を求めて（1時間目）
	規則の尊重　　主題名　権利と義務（2時間目）
	1時間目　『新しい道徳　6』「まんがに命を―手塚治虫―」
	東京書籍
	2時間目　「自主教材　虹色ランナー」堂

1．この実践の概要

　この実践は，内閣府が推奨する「知財創造教育」の事業の一環として行われたものです。知財創造教育の主要な学習内容の1つである，「著作権の保護」を道徳科の授業を通して扱うことを意図しています。

　まず，著作権の法的な定義とその適用について考える前に，著作者がどのように努力して自身の著作物を生み出しているのかについて，著作者の生き方を通して深く迫るために，道徳科の教科書教材である「まんがに命を―手塚治虫―」を取り上げました。その読解を通して，保護すべき大切な著作物がその著作者の苦悩と努力によって生み出されていることを理解することから授業を始めることにしました。

　それに続いて，2時間目では，学級担任の岡田先生の自作教材「虹色ランナー」を用いて，著作権の大切さについて身近な題材を基にして考える授業を行いました。この自作教材には，「斉藤しゅんた」という学級新聞づくりが得意な小学生が，友だちの「佐藤あゆむ」が作った「虹色ランナー」というキャラクターを勝手に自分の新聞に載せたというトラブルが書いてありました。

　この自作教材は，キャラクターの絵を勝手に使った「ぼく」と，勝手に使われた「ぼく」という，二人の「ぼく」が別々に登場している2種類のプリントになっていて，それぞれを教室の左右に分けた別々の班に配付しました。そのしかけに気づいてから，子どもたちは活発に話し合いを進めました。

２．２時間道徳としての特徴

　この実践で取り入れた２時間道徳の実践モデルは，④「１時間目は教科書教材に沿って考え，２時間目は関連する副教材を用いて多面的・多角的に考える。」です。ここで，２時間目に思考を自分事化するために活用する副教材は，岡田先生が自作した読み物教材「虹色ランナー」です。

【２時間道徳のモデル】

④　１時間目は教科書教材に沿って考え，２時間目は関連する副教材を用いて
　　多面的・多角的に考える。

　授業で扱っている教科書に，著作権を取り扱った教材があれば，タイプ①やタイプ⑦でも実践することは可能です。しかし，本実践ではそうした教材がなかったため，著作者の努力や苦悩について考えるという著作権の根底にある著作者の保護という視点に注目させることから授業を始めることにしたのです。教科書には，子どもたちにとって，強い関心がある手塚治虫が創作にかける生き方を学ぶためのよい教材があったのです。

　この授業では，どちらの時間でも，ポジティブカード（ピンク色の付箋）とネガティブカード（水色の付箋）を用いて，著作者の心情の理解（１時間目）と著作権の侵害に関する状況の理解（２時間目）を多面的・多角的に捉えられるように工夫しました。さらに，模造紙に付箋を貼るときには，それぞれの「ぼく」が失ったものと得たものに分けるようにしたことも，道徳的事象を多面的・多角的に考える支援となりました。

　さらに，興味深いことに，２時間目の自作教材に関しては，橋爪先生のこだわりで，子どもたちの追究の意欲を高めたいということから，斉藤しゅんた（著作権を侵害する立場）の物語と，佐藤あゆむ（著作権を侵害される立場）の物語を，別々の紙に書いて，クラスを２分してもう一方の班に気付かれないようにして配付するという工夫をしたのです。

　子どもたちが自分の考えを書いた付箋を貼った模造紙ができあがり，２つの別々の物語を基にした２つの模造紙が黒板に貼られると，それぞれの付箋紙の内容や枚数の大きな違いに気づくことになり，子どもたちからは，「なるほど，やっとわかった！」という積極的な雰囲気が出てきました。

第7章　2時間道徳の実践事例に学ぶ　123

3．写真で見る１時間目の様子

手塚治虫の生き方と考え方を探る	夢や希望と不安や心配の両面に気づく

気づきを付箋に書いていく	ポジティブカードとネガティブカード

模造紙の上に付箋を貼っていく	自分の考えを発表して共有する

夢のために努力していることを可視化	ワークシートに学んだことを書く

4．写真で見る2時間目の様子

 自作教材を読んでいる	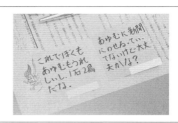 自作教材を読んで考えたことを書く
 付箋に書いた考えを班で共有する	 模造紙に付箋を貼っていく
 2人の主人公の気持ちを分析した板書	 得したことと失ったもので付箋を整理
 自分の考えを著作権と関連付けて発表	 著作権についてまとめた板書

5．実践の成果と子どもの道徳的成長

　もし教科書に，手塚治虫の作品が著作権侵害の被害にあったという教材があれば，それを使うこともできたでしょう。

　しかしそれよりも，橋爪先生は，著作権とその侵害に関する問題状況を，身近にありそうな題材を取り上げて，子どもたちが自分事として考えることを大切にしました。そのためにあえて，自作教材を作ることにしました。そしてさらに，著作権を侵害する方とされる方の両者の立場から，物事を多角的に見ることができるように，二人の別々の「ぼく」が主人公になっている物語を作るという凝った演出をしたのです。

　こうした自作教材の工夫によって，著作権保護の大切さを実感を伴って具体的に理解できるようにしたところが優れた授業づくりのポイントになっています。

　それでは最後に，各時間の学習課題と，子どもたちが自分たちの言葉でまとめた著作権の特徴について記しておきます。

【1時間目の学習課題】

　どんなことを考えながら，新しいアニメを生み出したのか

【2時間目の学習課題】

　ぼくの気持ちを基に，得たもの失ったものを見つけよう

【著作権とは】

• 作者や著者の努力をたたえて尊重するもの，権利を守る

• 無断で真似されない権利

　こうした様々な工夫を凝らした実践でしたので，2時間道徳のタイプから見ると，モデル③を適用したと考えることもできます。1時間目には，著作者の真理を探究する粘り強い努力という道徳的価値に基づいた学びがあり，2時間目には，著作権を保護するという立場から規則を尊重することの大切さについての学びがありました。

　このように，優れた実践には，知財創造教育から2時間道徳まで，授業の在り方そのものが実に多面的・多角的であり，多様な教育的効果を発揮するようにデザインされていることがわかります。

実践モデル⑤	東京都新宿区立花園小学校　梅澤泉教諭
	3年　題材名「さと子の落とし物」
	内容項目　友情・信頼　　主題名　友だちを思って
	『小学どうとく　生きる力3』日本文教出版

1．この実践の概要

　この教科書教材は，子どもたちに友情の大切さを考える機会を提供するために，さと子という同級生が遠足先の公園でなくしてしまった自宅の鍵をみんなで探してあげるという内容になっています。

　ただし教材文では，クラスの一部の男子からは，「鍵を探すのを手伝うと遊べなくなってしまう」という疑問が出されて，必ずしも全員がすぐに協力できていないことから，困った友だちのために，何ができるかを葛藤のあるリアルな状況の中で考えさせる設定になっています。

　梅澤先生は，「困った友だちがいたら助けてあげる」という単純な判断や考えに陥ることなく，遊びたいという欲求がある中で友だちのために役立つことをするというように葛藤を乗り越えて気持ちがスッキリすることの大切さを考えさせるために，「心のビンゴカード」を作り出して，「ポジティブな心（ピンク色）」と「ネガティブな心（グレー色）」を可視化して，カードを子どもの発言に応じて裏返すことでその変容を可視化しました。

　子どもたちの心の中を可視化することで，自分の心がネガティブからポジティブに変容する喜びを感じやすくなり，「ワー！」という歓声が上がりました。逆に，ホワイトボードの上で，ピンク色の笑顔のカードがどんどん灰色の怒った顔にひっくり返っていくと，「アー…」という悲鳴にも似た声が出てきました。

　しかし，梅澤先生はそれだけでは子どもたちは葛藤を乗り越えることはできないと考えました。1時間だけでは，単純に正しいことを答えてしまう形式道徳を抜け出すことはできないと判断したのです。

２．２時間道徳としての特徴

そこで，梅澤先生は，２時間道徳の２時間目を次のように設定しました。

「遊びたい」「遊ぶ時間がなくなるのはいやだ」「女子のことは男子には関係ない」「全員が探してあげる必要はない」といった中学年の子どもらしい疑問や不満を再度見つめさせることを通して，「それでも困った子がいたら助けることが大切なんだ」という強い意志を持つことの大切さについて感じさせることにしました。

２時間道徳のタイプは，実践モデル⑤になります。つまり，梅澤先生は，この物語の続き話を自作して，「みんなで協力して鍵は見つかってよかったけれど，ちょうどその時に先生が笛を吹いて集合をかけたので，結局公園では遊ばないで帰ることになった。」という残念なお話になっていました。

子どもたちからは，「えーっ！」という残念な気持ちの声が上がりましたが，笑顔の気持ちのワークシートに自分のポジティブな気持ちを書いて発表し，ホワイトボードが笑顔カードでいっぱいになると大きな歓声が上がり，子どもたちの達成感を感じることができました。

【２時間道徳のモデル】

⑤ １時間目は教科書教材に沿って考え，２時間目に物語の続きや行間を想像させて深く考えるようにする。

子どもたちが，ピンク色の笑顔カードのセリフをうまく考えて，自分の考えとしてしっかりと発表することができたのには，もう一つの授業の工夫点がありました。それは，「笑顔カードのセリフを考えよう！」というワークショップを入れたことです。各班に四つ切りの画用紙とピンク色の付箋紙を配って，笑顔になるポジティブな気持ちを多面的・多角的に考える活動に時間をかけました。つまり，友情の前に立ちはだかる葛藤を乗り越えることの大切さと気持ちよさを強化するねらいがあったのです。

こうすることで，子どもたちは，「困っている友だちを助けるためには自分がやりたいことを少しやめてもスッキリするからいいね」「喜んでくれる友だちの笑顔を見るのはうれしいね」といった道徳的成長を見せてくれました。

3．写真で見る１時間目の様子

 来週行く公園の様子を意識づける	 教科書教材を範読する
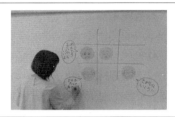 手伝うかどうかの葛藤を出し合う	 さと子と周りの子の思いを整理する
 笑顔カードと怒りカードが拮抗する	 笑顔と怒りの両面から気持ちを考える
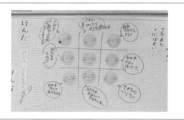 笑顔の気持ちがいっぱいになる	 笑顔の気持ちの大切さを書いている

第7章　2時間道徳の実践事例に学ぶ　129

4．写真で見る2時間目の様子

 自作の続き話を読む	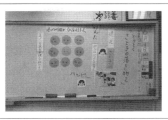 遊べなくて「怒りのカード」だらけに
 「笑顔カード」の気持ちを書く	 気持ちカードを貼るワークショップ
 笑顔カードの気持ちを発表する	 笑顔の気持ちが出るとカードを裏返す
 だんだん笑顔カードが増えていく	 笑顔カードでいっぱいになる

5．実践の成果と子どもの道徳的成長

　３年生の子どもたちの発達段階を考えると，「やりたくないこと」と「やりたいこと」が葛藤する場面では，本音ではやりたくないけれど，道徳の授業で先生が求めている正しいことを言わなければならないと考えるようになります。そのため，１時間授業では，建前や形式だけで，「困った友だちがいたら助ける」と浅い考えを答えてしまいます。

　そこに，２時間目の授業を連続させることで，そうした建前を乗り越えて，「イヤだなと思うことも，困っている友だちが喜んでくれるように頑張ろう」という「粘り強い友情」の大切さまでを考えさせることが重要です。

　そのためには，葛藤状況について何度も場面を変えながら多面的に考えることが必要になります。

　このことを派生して考えると，この実践では２時間道徳の実践モデル③「１時間目は主となる内容項目から考え，２時間目は副となる複数の内容項目を関連付けて考える。」ことも考慮して授業づくりが行われています。具体的には，友情を実現するためには，「遊びたいときもがまんする」という心の葛藤を乗り越えるための「努力と強い意志」が必要になりますし，「親切，思いやり」も感じられる豊かな心を育んで欲しいのです。

　子どもたちのワークシートを見てみると，実に多面的・多角的な見方・考え方が生まれていることがわかりました。「ほかの遠足でも遊べるじゃないか。学校でも遊べるじゃないか。」「遊びのことしか考えてないんだな。それじゃあ，ゆめもかなえられないぞ。」「みんな，さと子さんのかぎが見つかったのに，そうやってせめるのはひどいよ。見つかったんだからみんなでよろこぼうよ！」「先生にたのめば，少しぐらい自由あそびの時間はくれるよ」「あそびはいつでもできる。家に入れないのと遊びはどっちが大切？」「ぼくたちが見つけたんだ。くろうしたかいがあったじゃん。」

　そして，子どもたちは，「友だちのよさ」についてこう捉えることができました。「困ったときに助けてくれる。きずついたときには，ささえてくれる。けがをした時に助けてくれる。いつでもえがおであそんでくれる。」

　子どもたちには，豊かで寛容な心も育っていました。

| 実践モデル⑥ | 大阪府豊中市立上野小学校　千代原康子教諭
２年　題材名「生きているから」
内容項目　生命の尊さ　　主題名　生きているってすばらしい
『小学どうとく　生きる力２』日本文教出版 |

１．この実践の概要

　この実践は，子どもたちなら誰でも知っている漫画「アンパンマン」の作者であるやなせたかしの生涯について学び，希望と勇気をもって生きることの大切さを考えることをねらいとしています。

　やなせたかしは，若い頃に作詞家としていくつかの有名な詩を残しています。その一つが，「手のひらを太陽に」です。この曲は，筆者が小学校の３年生くらいに流行った曲ですから，もう50年以上も前に作られていますが，今でも小学校では歌い継がれているのです。

　やなせたかしは，若い頃，まだ「アンパンマン」という代表作が売れる前には，漫画を描いても売れない時期があり，その苦難の時代にも自分の才能に希望をもって漫画を描き続けたという，努力が実を結んだ苦労の人なのです。

　ですから，名曲「手のひらを太陽に」の歌詞の中に，幸せは単純にすぐにやってくるとはしないで，「生きているから悲しいんだ」という，子ども向けの歌にしては難しく複雑な人生のありようを謳っているのです。

　そこで，教科書教材「生きているから」には，「なぜ，やなせたかしさんは，生きているから悲しいんだといっているのでしょうか？」という，２年生にしては難解な問いを投げかけて，みんなで考えるように促しています。

　この実践では，身近な歌の歌詞に人間としての希望と勇気に満ちた生き方の大切さを見出し，有名な漫画家の生き方に学びながら，多面的・多角的に考えることをねらいとしました。

２．２時間道徳としての特徴

この実践の２時間道徳の実践モデルは，⑥「１時間目は主に教科書教材に基づく読解と内容項目に関する自分の考えを交流し，２時間目に一人ひとりが深く考えて成長した自分の考えを発表する。(理解の深まりの可視化)」です。

なぜこのモデルに基づいて授業づくりを行ったかといえば，この教科書教材とそこで扱われた歌詞の内容が，人間の生き方のポジティブな面（希望と勇気をもって生きる）と，ネガティブな面（生きているから悲しい）の両面を扱っているからです。その多面性を２年生の子どもたちが深く理解するためには，教科書教材を読んで理解し，主体的なワークショップや対話活動に２時間にわたってじっくりと取り組むことが不可欠だからです。１時間の授業だけでは，その深さと多面性に実感をもって気づくことはできません。

【２時間道徳のモデル】

⑥ １時間目は主に教科書教材に基づく読解と内容項目に関する自分の考えを交流し，２時間目に一人ひとりが深く考えて成長した自分の考えを発表する。(理解の深まりの可視化)

そこで，１時間目には歌詞の分析と教科書教材の内容を関連付けながら，特に「悲しいんだ」というネガティブな面に集中して考えることにしました。ただし，歌詞の世界を抽象的に捉えるだけでは，思考が空回りするだけですから，「生きているから悲しいんだ」ということが自分の身近なところにもないか，自分も経験して知っていることはないかという問いかけをし，涙の形をしたカードにそのエピソードを２年生なりに書いて黒板に貼って可視化しました。

そして，２時間目には，逆に，人生のポジティブな面に集中して考えて，どうすれば悲しみを乗り越えて希望と勇気をもって元気に生きていけるかについて，生活の中での具体的な解決策を付箋に書いて発表しました。

第7章 2時間道徳の実践事例に学ぶ　133

3．写真で見る1時間目の様子

 歌詞の一部を隠して，考えさせている	 主人公が書いた有名な漫画を紹介する
 教科書を読んで悲しい理由を考える	 オケラの写真を見てイメージをもつ
 道徳ノートに自分の考えを書く	 涙カードに悲しかったことを書く
 いのちに関する悲しいことを書く	 もの，いのち，こころに分類する

4．写真で見る2時間目の様子

 「手のひらを太陽に」を歌う	 付箋に解決策を書くように促す
 自分で考えた解決策をカードに書く	 友だちと解決策を共有する
 解決策のカードを貼る	 もの，いのち，ことばに分類する
 解決策のポイントを整理する	 心を込めて歌をもう一度歌う

5．実践の成果と子どもの道徳的成長

　子どもたちは，7歳くらいなのですが，付箋に書いてもらうと驚くほど多くの「悲しいできごと」を経験していました。やなせたかしさんが経験して歌詞に込めた意味をしっかりと実感できるように，一人ずつ付箋に書くように促すと，3枚以上書く子も多くいました。

　具体例を少し挙げておきます。2年生でもいろいろな悲しみを感じて生きていることがわかりました。

- おばあちゃんのねこが，びょうきでいなくなったとき
- 友だちに，わるくちをいわれたこと
- 子ども用ののれるバイクをいえでたいせつにしていたのに，こわれてしまった
- わたしが，「本ほしい」「おもちゃほしい」といったらなんでもかってくれたやさしいおじいちゃんが天国に行ってしまった
- じしんがこわい
- けんかしたりびょうきになること
- ともだちにいじわるをいわれた
- サッカーのしあいで，まけてしまった
- サッカーで，せばんごう42ばんって言われた

　　2時間目には，悲しいだけで終わることがないように，しっかりと時間をかけて，悲しいことの解決策や予防策を，子どもたちなりに考えて共有したり可視化したりしました。以下に例を挙げておきます。

- お友だちがいやなことをいわれていたら，「だいじょうぶだよ」といってあげる
- だれかがこまっていたら，自分からいって手つだいをする
- 友だちにいやなことをいわれたら，がまんしてなかなおりする
- びょうきでやすんだとき，みんながおやすみれんらくでうれしいことを書いてくれた

　こうした具体性と多面性を保障した2時間道徳により，子どもたちの歌声にも希望が込められて元気な響きが生まれていました。ある子は，授業後に，「今日，初めて道徳の授業が楽しいって思った」と言ってくれました。実践の大きな成果を物語っていました。

実践モデル⑦	大阪府豊中市立上野小学校　布川碧教諭

4年　題材名「つくればいいでしょ」
内容項目　個性の伸長　　主題名　長所をのばす
『小学道徳　生きる力4』日本文教出版

1．この実践の概要

　この実践のねらいは，「自分さがしをする『わたし』の思ったことや行動について考えることを通して，人は成長できるのだということに気づき，自分を伸ばしていこうとする態度を養う」です。

　教科書教材は，主人公の「わたし」が，陸上大会のリレーで友だちからいっしょに走ろうと誘われて足が速くないことに悩みながらも，母親からの「長所がないならつくればいいでしょ」というアドバイスに目覚めて，毎日練習を始めるという前向きな姿が描かれているお話です。

　中学年になって自分の長所や短所に敏感になり，特に短所について諦めがちになる発達段階の子どもたちに，努力を通して自分の短所を長所に変えることの大切さに気づかせることをねらいとした，前向きで成長志向的な教材になっています。

　この授業のねらいを達成するために，教科書教材の中の「わたし」を自分自身に置きかえて，自分の長所を努力して作っていくことを自分事として捉えることができるように，1時間目の授業から2時間目の授業へ発展していく流れを設定しました。

　さらに，道徳教材の自分事化を促すために，次のようなワークショップ・アクティビティを行いました。

① イメージマップを用いた自分の長所の可視化（自己視点）
② ビンゴゲームを通した自分の長所への気づき（他者視点）
③ 真心カードを用いたこれから作る長所のマッピング
④ はがき新聞を用いた長所を作る決意の表明

２．２時間道徳としての特徴

　２時間道徳の実践モデルとしては，⑦です。２時間目に自己の生き方を考えてはがき新聞で自己宣言する２時間構成の小単元で構成されています。

【２時間道徳のモデル】

⑦　１時間目は教科書教材を基にして道徳的価値について思考し，２時間目に道徳的行為の在り方に関して自分事として振り返りや自己宣言をしっかりと書いて発表する。

　それでは，それぞれの時間で行った活動を見てみましょう。

（１時間目）教科書教材の読解と初歩的な自己内省

導入：ビンゴシートに自分の長所を思いつくままに書く。（自己内省）

展開①：教科書教材を読み，長所が見つからない「わたし」の気持ちや練習をやめなかった理由を考え，各自でイメージマップにしてみる。

展開②：長所をつくり伸ばすために「わたし」はどのようにしたのかをイメージマップにする。各自作成→全体共有（考えの深化）

終末：自分の長所をのばすために「わたし」から学んだことを振り返る。

（２時間目）自分事として自分の長所を作り出し伸ばす方法の考察

導入：ビンゴゲームを行う。友だちから指摘してもらった自分の長所をビンゴシートの枠外に書く。

展開①：「今はないけどこれから身につけたい長所をつくる」というテーマで各自イメージマップを作る。

展開②：長所を作るためのアイデアを友だちからももらい，それに必要な心を考え，真心カードを貼る。（考えの具体化と共有）

終末：この学習でわかった（変わった）自分の気持ちや考えを発表する。

授業後：子どもたち一人ひとりはがき新聞を作成し自己宣言する。（宿題）

　このように，個性の伸長という内容項目について実感をもって自分事として深く考えるためには，１時間の授業では足りません。なぜなら，１時間だけでは教科書教材に基づいて道徳的価値の理解にとどまるからです。それを発展させた２時間目があって初めて，子どもたちは自分の個性を伸ばすことについての実践意欲を持つことができるようになるのです。

3．写真で見る１時間目の様子

教材文の「わたし」の気持ちを書き出す	みんなで気づきを出し合って整理する
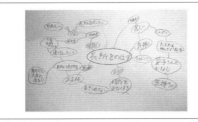	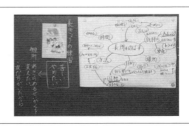

第7章　2時間道徳の実践事例に学ぶ　139

4．写真で見る2時間目の様子

ビンゴゲームの方法を示す	ビンゴゲームで長所を指摘してもらう
	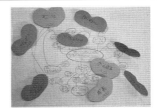
自分成長シートに真心カードを貼る	完成した自分成長シート

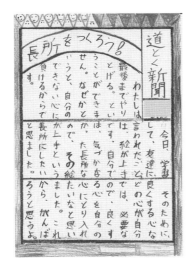

5．実践の成果と子どもの道徳的成長

　それでは，この実践を通してどのような子どもたちの道徳的成長が見られたかを，子どもたちが書いたはがき新聞を例にして検討してみましょう。

　前ページの2枚のはがき新聞では，この児童たちは自己の短所，長所にしたいこと，そしてこれから長所を作るために頑張ることを，次のように記しました。

【はがき新聞　長所を作ろう！】

　わたしは，最後までやりとげるということができません。なぜかというと，自分のできない心に負けるからです。今日学習して，友達に言われたことは，絵が上手ということです。自分では気づかなかった長所なので，その絵が上手という長所にしたいと思いました。そのために，よくする心などの心が自分では，必要なので，よくする心を自分の心の中にとり入れたいなと思いました。これから，がんばろうと思うよ。

【はがき新聞　あきらめないで‼】

　わたしは，新体そうのうしろバランスができません。れんしゅうしようとしても，すぐつかれてしまうからです。今日の学習をして，あきらめないでがんばっていけば，いつかきっとできると思いました。なのでこれから，あきらめないことを長所にしていきます。そのために，毎日がんばってれんしゅうします。これから，どんどん長所をのばしていきたいです。

　はがき新聞のマス目が3段になっていることに合わせて，短所を長所に変えて伸ばしていきたいという強い思いを筋道をたててわかりやすく書くことができています。

　2時間目があることで，自分を見つめ，友だちに認められながら，自分のこれからをどう主体的に作り出していくかを考えることができました。その意味で，この実践は筆者が提案する自己成長学習にもなっていると言えます（拙著『子どもの自己成長力を育てる』金子書房，2023年）。

　子どもたちの成長が楽しみになる素晴らしい実践でした。

第7章　2時間道徳の実践事例に学ぶ　**141**

実践モデル⑧	新潟市立内野中学校　樋口まどか教諭 2年　題材名「手紙　拝啓　15の君へ」 内容項目　よりよく生きる喜び 主題名　未来の自分について考える 『中学道徳3』光村図書

1．この実践の概要

　この実践では，中学生の生き方に関わる見方・考え方を広げるために，地域の人々をゲストティーチャーとして教室へ招いて，グループでのワークショップのファシリテータとして生徒と交流してもらいました。

　内野中学校では，学校協議会の委員の方々や，総合的な学習の時間のゲストティーチャー，数学科や外国語科での少人数指導の学習支援員など，多くの地域の方々が，人材バンクに登録されていて，普段の授業を充実させることに大きく貢献しています。

　そのため，道徳科の授業に地域の方々に入ってもらい，生徒との交流を通して，大人としての豊かな人生経験に基づく幅広い見方・考え方を伝えてもらうことで，生徒たちの一層の道徳的成長を促そうとしたのです。

　なお，当校のカリキュラム編成の都合から，2時間小単元を設定することはできませんでしたが，これまで教科書教材の読解にかけていた時間を節約するために，中学生がよく知っている「手紙　拝啓　15の君へ」という有名な合唱曲にもなっている歌謡曲の歌詞を教材にして，生徒たちの年齢に近い感性で書かれた歌詞をすぐに理解することができるようにしました。

　そして，その歌詞を地域の方と生徒たちが同じグループに入り，年齢を超えて，歌詞に含まれるそれぞれの言葉が持つ深い意味を考えて交流し，これからの生き方の糧にすることができました。

　授業者は，高橋航平教諭，西川千春教諭，栗原弘幸教諭，鈴木千春教諭，小野賢教諭，安彦浩教諭です。

2．2時間道徳としての特徴

　この実践の2時間道徳のモデルは，⑧「1時間目は教科書教材を中心とした学級内での学習を行い，2時間目に地域のゲストティーチャーや異学年・異学校種の児童生徒を呼んで多様な考え方や視点を取り入れた授業を展開する。」です。

【2時間道徳のモデル】

⑧　1時間目は教科書教材を中心とした学級内での学習を行い，2時間目に地域のゲストティーチャーや異学年・異学校種の児童生徒を呼んで多様な考え方や視点を取り入れた授業を展開する。

　各クラスには，6名から7名程度の地域の方々が来てくださり，1人ずつ1つの生徒グループに入り，交流と共有のためのファシリテータ役を担ってもらいました。単に珍しいお客さんにならないように，生徒たちが気づきにくい豊かな人生観を披露してもらうとともに，生徒たちの考え方を認めたり励ましたりしてもらうように学年担任団からお願いしておきました。

　ありがたいことに，参加してくださった地域の方の多くは，普段学校教育に関わった経験が豊富であったため，生徒たちとすぐに打ち解けて，活発なやり取りができたことが幸いでした。

　また，中学生の子どもを育てている若い方から，お孫さんが中学生という高齢の方まで，幅広い年齢層の大人が生徒と交流してくれたおかげで，大人から見た多様な生き方や中学生への励ましの温かい言葉をもらうことができました。

　1時間という短い交流の時間でしたが，授業中にはずっと温かい雰囲気に包まれて，緊張をほぐしながら笑顔で交流できていたことが印象的でした。

　生徒たちも，普段ほとんど会話をしない地域の大人の人の多様な人生観と生き方のアドバイスに触れられたことが，新鮮であり，また，元気をもらえるよい機会となったようでした。

　具体的な授業の様子は，実践の写真をご覧ください。

第7章　2時間道徳の実践事例に学ぶ　143

3．写真で見る授業の様子

第7章　2時間道徳の実践事例に学ぶ　**145**

4．実践の成果と子どもの道徳的成長

　それでは，地域の方々と子どもたちが協働して完成した寄せ書きにどのようなメッセージが書いてあったか見ていきたいと思います。

【寄せ書きに書いた10年後の自分の未来へのメッセージ】

（地域の方々）

• 世界は広いよ！

• 不安は誰にもあるけど，心配しないで進もう

• 大丈夫！楽しいこともある！！

• あなたを助けてくれる人は必ずいるよ。あなたを思ってくれる人が必ずいるよ。

（生徒たち）

• 時が経てば，なんともなくなる!!

• 考えすぎないで！　苦しんでいるのは自分だけじゃないよ

• つらくても，いい事はきっとあるから頑張って。

• 大変なときほど，がんばれ！

• 生きていれば，そのうちどうにかなる。

• つらくても，信じて進めばきっと大丈夫

　どれも前向きで，肯定的で明るい未来を描けるような応援メッセージになっています。地域の方々からも，生徒より長い人生を生きてきた中で積み上げてきた経験に基づくメッセージは，生徒たちの心を打ったようです。

　授業の最後には，全員で記念写真を撮りました。

　さて，生徒たちは，これからの10年間をどのように生きていってくれるでしょうか。この2時間道徳がきっかけとなり，浮き沈みや好不調はあっても，周りの人の力を借りて力を合わせて，前向きに自分を信じて生きてくれることを願っています。

　大人と子どもの生身の人間同士の励ましは，教科書の活字や資料だけからは得られない充実感と強い決心を生み出すことができました。

　ぜひ，多くの学校での追試を期待いたします。

実践モデル⑨	東京都新宿区立花園小学校　梅澤泉教諭

　３年　題材名「宿題」（自作）
　内容項目　努力と強い意志
　主題名　宿題をするためにはどの心が必要？
　児童詩「宿題わすれ」　※ クラス内の児童の自主学習の成果

1．この実践の概要

　この実践は，教科書教材を使うのではなく，クラスの子どもたちの自学ノートにあった自作の詩を取り上げて教材にしたものです。

　宿題に悩む子どもの素直な気持ちと，悩んだ後に前向きに宿題をやろうとする前向きな心がよく表れていて，クラスの子どもたちの共感を呼びやすいことから，梅澤先生の判断で道徳の教材として取り上げました。

　内容項目は，「努力と強い意志」にして，道徳ツールとして「真心カード」を操作しながら，子どもたちの宿題をめぐる心の葛藤とその解決のために必要な「強い心」の大切さについて考えさせる授業になっています。

宿題わすれ

宿題を忘れるとしかられる。でも，宿題はやりたくない。なんでだろう。
子どもだけそうなのかな？　それか，大人もそうなのか。
宿題をやると少しずつ頭がよくなる。でも，本当にまじでやりたくない。
宿題をやらなければいいじゃないか。でも，先生のおにの顔が待っているぞ。
やっぱり宿題やろうかな。
友だちと遊びに行こうか。
まような，どうしよう。
うーん。うーん，うーん。
じゃ，今日だけやらなければいい。
あーーでもーーー‼
じゃ，宿題やろう♥

２．２時間道徳としての特徴

　この実践の２時間道徳としての実践モデルは，⑨になっています。いわゆる道徳的実践力を育てるためには，道徳科の時間の中で資料を基にして思索を巡らせて実践意欲を高めるだけでは十分ではありません。

　そこで，この⑨のモデルにあるように，２時間の道徳科の時間の間に，１週間の「道徳実践週間」を設定して，子どもたち一人ひとりが自ら目標にした「○○な心」という真心カードを意識して宿題をやる実践を行うことを通して，宿題という取組みや心の持ち方のコツを発見して用いて，宿題の意義に気づいたり，授業の後での取組みの決意をしたりします。

【２時間道徳のモデル】

⑨　１時間目は道徳的行為の在り方を考えて自分が実践すべき行動を計画し，
　　１時間目の後の「道徳実践週間」の振り返りを２時間目に行い考えを深める。

　写真で示されているように，ほとんどの子どもたちは，複数の真心カードを組み合わせて目標を立てたり，実践週間の毎日の取組みの自己評価をしたり，２時間目の道徳の時間に振り返りをしたりしています。その意味では，タイプ③「１時間目は主となる内容項目から考え，２時間目は副となる複数の内容項目を関連付けて考える。」も適用していることがわかります。

　こうした２時間道徳の工夫によって，学習指導要領で示されている「自らを振り返って成長を実感したり，これからの課題や目標を見つけたりすることができるよう工夫すること」を実現しようとしています。

　このタイプ③については，学習指導要領の道徳科の内容の取扱いの箇所で，「内容項目間の関連を密にした指導」というように明確に規定されていることから，２時間道徳で成立させることが大切です。

　また，この実践では，多面的・多角的に生き方を考えることができるように，道徳ツールとして「天使と悪魔カード」と「心の葛藤図」を用いています（田中博之他，2018 年参照）。

3．写真で見る1時間目の様子

 友だちの宿題の詩をみんなで読む	 宿題に関する心の葛藤を書いている
 天使と悪魔がささやくカードを書く	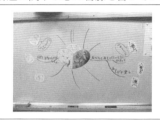 心の葛藤図の書き方を示している
 班で協力して心の葛藤図を完成する	 真心カードや天使と悪魔を貼っている
 完成した心の葛藤図	 班ごとに葛藤図の特徴を発表する

第7章　2時間道徳の実践事例に学ぶ　149

4．写真で見る2時間目の様子

道徳実践週間の後に2時間目を始める	毎日記録して振り返った評価シート
宿題の様子と使った心を書いている	班で1週間の取組みの様子を発表する
使った真心カードに理由を書いている	ピンクとブルーのカードを貼る
1週間のまとめの振り返りを書く	真心を発揮できた様子を共有する

5．実践の成果と子どもの道徳的成長

　道徳実践週間に子どもたちが毎日つけた評価シートには，子どもたちの真剣な振り返りとこれからの生き方についての決意が書かれていました。

　以下の振り返りは，下段がお家の人からのメッセージになっています。

> 　この１週間をふりかえって，今までの勉強のしかたは，少ししゃべってしまったりして集中する事ができなかったけれど，毎日，その日の心をきめて，よかった事やわるい事を自分で考えると，だんだん，集中できたり，行動がはやくなるんだなあと思いました。これからも，紙に書かなくても，心の中で思っているともっとのびると思います。

> 　そうだね。このことをよいきっかけにして，いつも心のすがたを気にかけ，すてきな心を育ててくださいね。このような学習を通して，物ごとや自分をきゃっかんてきに見ることの大切さも知れてよかったね‼

　また，子どもたちが一人ひとり書いた真心カードのメッセージから，この実践の成果を見て取ることができるでしょう。

○（強い心）　自分で，テレビとかうるさいときでも，まわりにつられないという強い心に集中して頑張りました。
○（強い心）　私は強い心をいつもわすれず，その心をいしきしてやりました。いしきするともくひょうどおりできたし，つかわない日よりうーんとよく宿題ができました。
○（自立した心）　自分で考えて，きちんと先にやろうと思ってやったから。
○（反省する心）　毎日，正しくていねいにできたけれど，前の日よりももっとていねいに字とかを書けるために，その日少しずつ反省をしたから。
○（正しい心）　友だちとあそびたいという気もちをすてて，べんきょうの正しい道にいって，あくまがのろってこないように，正しい心を使ってのりきりました。
△（強い心）　私はこの心をつかったけど，とちゅうから強い心をわすれて，あくまくんの方に行ってしまい，てきとうにやってしまいました。これから，ずっとこの心をいしきし，しっかり宿題をつづけます。
△（自立する心）　ぼくはあそんでいてあまりしゅくだいがすすまなかったので，もし自立する心があったらしゅくだいがすすんでいると思いました。これからは，自立する心をつかっていきたいです。

第7章　2時間道徳の実践事例に学ぶ　**151**

実践モデル⑩	東京都大田区立都南小学校　江袋勇樹主幹教諭
	4 年　題材名「お母さんの請求書」
	内容項目　家族愛　　主題名　家族の愛情とは
	『新しいどうとく　4』東京書籍

1. この実践の概要

　この実践は，小学校道徳科の定番教材である「お母さんの請求書」（旧称：ブラッドレーの請求書）を取り扱い，2時間道徳としてアレンジして実施した授業です。

　江袋先生の判断によれば，この読み物教材は，子どもたちに家族愛や家族の愛情の大切さを感得させ，その望ましい在り方を4年生にもわかりやすく考えさせられるという点では優れているのですが，1点のみ指導上の問題点が内在しているというのです。

　それは，通常の公立小学校の子どもたちにとって，急にお母さんが「すべて0円の請求書」を出してくると，子どもたちの自然な認識の段階を超えて大きな飛躍があるために，その意味やそこから推測されるお母さんの愛情に気づくことが難しいというわけです。

　確かに，お母さんが0円の請求書を4年生の息子に出してくるというのは，通常はありえないことです。お母さんが少し意地悪であり，知恵が優って親としての深い愛情が欠けているとさえ感じられます。またそこには，高度な思考のひねりと飛躍が入っていて，4年生の発達段階にある多くの子どもたちにとっては，難易度が高すぎる教材なのです。

　しかもこうした高度な思考を要求する教材を，たった1時間で取り扱うとなると，その問題性をさらに大きくしてしまいます。

　こうした教材の難易度に関する誠実で深い検討や考察は，これまでの道徳教育で行われたことはほとんどなく，ただ形式的に「トリプルスリーの原則」に従って，無批判に1時間道徳として実践してきたのです。

２．２時間道徳としての特徴

　この実践の２時間道徳の実践モデルは，⑩「１時間目は教科書教材の基礎的な読解を中心に行い，２時間目に教材に内在する内容的・認識的な飛躍をスモールステップで埋めていく。」です。

　具体的には，この読み物教材の設定とストーリーを子どもたちの自然な気づきと思考の流れに合うようにアレンジを加えて，１時間目には，「お母さんも値段が付いた請求書を出してくる」というお話にしました。そして，そのことから「私たちのお母さんはそんなことはしないよ。なぜなら…」という流れで，子どもたちに家族の愛情とその大切さについて，真心カードを使ったワークショップを通して気づくようにします。

　２時間目には，この教材のもう一つの問題点である，「家族の愛情には気付けても自分から進んで行動して道徳的な実践意欲をもつことにつながらない」という問題を克服するために，「家族の愛情が自分にもあるのなら，どのような家の仕事をするだろう」という問題意識の基に，０円（無償で）で自分が取り組める仕事を考えて，それぞれに道徳的価値を付与して，自己宣言するようにしました。

【２時間道徳のタイプ】

⑩　１時間目は教科書教材の基礎的な読解を中心に行い，２時間目に教材に内在する内容的・認識的な飛躍をスモールステップで埋めていく。

　このようにして２時間道徳で授業を構想してみると，いかにこの教材を１時間で扱うことが，また形式道徳を生み出し，納得感のない「子どもはおうちの仕事に代金を請求してはならない」「お母さんは無償でたくさん働いていて偉い」という単純で表面的な道徳的判断で終始してしまうことになることを理解してもらえるでしょう。

　なおこの実践では，教科書にあるオリジナルの読み物教材については，２時間目の終結部で教師が範読することにしました。０円の意味を考えさせることを通して，２時間にわたってアレンジした教材で学んだことが本当に深い理解になっていることに，子どもたちは気づいていました。

第7章　2時間道徳の実践事例に学ぶ　153

3．写真で見る1時間目の様子

 自作教材のイラストで問題設定をする	 お母さんも代金付きの請求書を書く
 お母さんが代金を請求している一覧表	 たかしがその理由を深く考えている
 真心カードを見て仕事の価値を考える	 多面的な道徳的価値を選択する
 お母さんの仕事の道徳的価値を考える	 班で交流して，気づきを広げる

班で一つの大きな構造図にまとめる	班ごとにお母さんの愛情を発表する

板書で，多くの愛情を可視化する	愛情について気づいたことを書く

4．写真で見る2時間目の様子

仕事にかける愛情を短冊にして貼る	請求書を協力計画書に変える例を出す

自分が取り組む仕事の価値を考える	真心カードを見ながら計画書を作る

第 7 章 2 時間道徳の実践事例に学ぶ　155

友だちと交流して自分の考えを深める

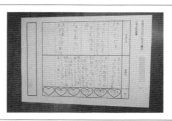
一人ずつ完成した仕事の協力計画書

協力計画書をお母さんに渡すイラスト

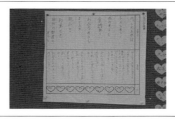
発表した仕事と願い，道徳的価値

教科書教材に戻って範読する

2時間かけて考えたことを付箋に書く

家族の愛情と自分の実践意欲を発表

家族の愛情について語る校長先生

5．実践の成果と子どもの道徳的成長

　子どもたちは，教科書のオリジナル教材で，「お母さんの請求書には，0円が並んでいることの意味」について，思考を深めてきた2時間目の終結部で考えることで，0円にかけたお母さんの気持ちに自然にそして納得感をもって気づくことができました。

　例えば，子どもたちがハート型の付箋に書いたことを紹介すると，「お金がほしくてそだててはないから，安心して」や，「これでちゃんとしてくれればいい」「子どものしょうらいをおうえんしてあげたい」といった気づきがありました。

　また，自分が家族のために愛情を込めて取り組むこととしては，「皿あらい（食べる時きれいなお皿で食べてほしい）　きょう力する心」「しょっきあらい（夜中も家のことはお母さんにまかせてるから，夜中にやらなくていいように，自分で洗う）　やさしい心」「お米をとぐ（おいしいものを食べてほしい）　役立つ心」「おふろそうじ（きれいなおふろにはいってほしい）　大切にする心」「ポストのかくにん（はやくチラシをとどけたい）　きょう力する心」「妹のおせわ（自分より小さい子だからがんばる）　がんばる心」「ごはんを作る手伝い（お母さんはいつも心をこめてつくってるから自分も手伝う）　やく立つ心」などがあり，子どもたちの愛情と責任にあふれた協力計画書ができあがりました。

　さらに，お家のお仕事についての実践意欲を高めるために，ワークシートの左はしに，「わたしはこれから自分でできることは進んでやりたいと思います。」などと書くようにしました。

　最後の飯島典子校長先生からのお話も，子どもたちにとってお母さんからの本物のメッセージとして大切に受け止めることができました。

　以上のようにして，2時間道徳として，この教科書教材を扱うことにより，「子どもの自然な気づきと思考の流れを大切にした授業づくり」と，「道徳的価値の大切さに気づくだけで終わるのではなく，道徳科の目標である実践意欲につなげる工夫」という2つの授業改善のねらいを達成することができました。

第7章　2時間道徳の実践事例に学ぶ　**157**

実践モデル⑪	大阪府豊中市立東豊中小学校　土居将真教諭 4 年　題材名「『まっ，いいか』でいいのかな？」 内容項目　規則の尊重 主題名　住みよい社会のためのきまり 『小学道徳　生きる力 4』日本文教出版

1．この実践の概要

　この実践は，決まりを守ることの大切さを多面的・多角的に考えることをねらいとしています。

　教科書教材には，① 満員電車で割り込みをして席を確保してお年寄りに席をゆずる場面，② 校庭で楽しく遊んでいて花壇に入ってしまった場面，③ 大人の人が道路脇にゴミをポイ捨てする場面，という3つのルールを守らない場面がイラストで描かれています。

　子どもたちは，それぞれの場面について，単純に「ルールを守らなければならない」という形式道徳で表面的に捉えるのではなく，ルールを守らない人の心の中にある，「これくらいなら，まっ，いいか」というように，自分を甘やかして判断のグレーゾーンを大きく取り過ぎることの問題点を考えました。

　また，ルールを守らない人の周りの人がどんな迷惑を受けているか，さらに，初めは小さな「まっ，いいか」が重なるとどのような大きな問題になるかについても，想像力と体験を組み合わせて考えました。

　この教材は，ついつい私たちがルールの適用基準をゆるく考えてしまいがちになることを反省し，周りの人の迷惑や大きなトラブルに発展する可能性までを深く考えて正しく行動することの大切さに気づくために，シンプルなイラストでありながら優れた教材になっています。

　さらに，この実践では，コロナウイルス感染症がまだ終焉していない段階で行われたことから，感染症予防教育として給食時のマスク着用とおしゃべりをしないことの大切さについて2時間目に考えることにしました。

２．２時間道徳としての特徴

　この実践の２時間道徳の実践モデルは，⑪「１時間目は教科書教材を用いて道徳的価値とその行為のよさについて考え，２時間目ではその価値を実践しないときに発生する反価値の実践が引き起こす状況の特徴と問題点，改善点について考える。」です。

　この実践モデルのキーワードは，２時間目の授業で扱う「反価値の問題点と改善点」です。反価値という聞きなれない言葉が入っているために，このタイプの実践の在り方がわかりにくいと感じられるかもしれません。

【２時間道徳のモデル】

⑪　１時間目は教科書教材を用いて道徳的価値とその行為のよさについて考え，
　　２時間目ではその価値を実践しないときに発生する反価値の実践が引き起こ
　　す状況の特徴と問題点，改善点について考える。

　反価値とは，道徳的価値と対をなす概念で，道徳的にやってはいけないことを意味します。これまでの道徳教育では，ほとんどの場合に，望ましい価値について考えることを慣例としていますが，深い学びの道徳科教育では，望ましい道徳性を考えるだけではなく，視点を変えたり立場を変えたり逆思考をしたりして，望ましくない行為とその悪影響までを含めて，道徳的判断を必要とする問題状況を深く考えさせることが大切です。

　この実践で扱った教科書教材は，この面から見ると３つの問題状況をわかりやすくイラストで提示して，望ましい行為だけでなく，問題のある行為とそれが発生する原因まで考えさせる優れた教材になっていますから，１時間だけでもかなり深い学びが成立しやすいといえます。

　しかし，この実践で目指したことは，「まっ，いいか」と考えてルールを破ってしまう問題状況をもう一つ提示して，子どもたちの身近な事例を通して，道徳的価値と道徳的反価値を対比して深く考えることから，道徳的実践意欲をもつ機会を２時間目に設けることです。

　またいつ感染症予防教育が必要になる時が来るかは予想できませんが，その日に備えて，そのための２時間道徳のモデル授業を開発しておくことに大きな意義があると考えています。

第7章　2時間道徳の実践事例に学ぶ　159

3．写真で見る1時間目の様子

教科書のイラストから多面的に考える	イラストを見て自分の考えを発表する

電車の場面を選び3つの立場で考える	それぞれの立場の考えを付箋に書く

付箋を貼って多角的に問題を捉える	立っている女性の内言を付箋に書く

班で考えたことを発表する	模造紙の上で完成した分析結果

4．写真で見る2時間目の様子

1時間目で完成した分析図を貼り出す	1時間目で完成した模造紙の分析結果

1時間目でわかったことを書く	問題状況の多角的な分析を発表する

給食時の新しい問題状況を提示する	1時間目の方法を活用して分析する

給食時の問題を価値と反価値で考える	2時間目の振り返りを書く

5．実践の成果と子どもの道徳的成長

　まず1点目の道徳的成長は，1時間目のワークショップで見られました。そこでは，教科書教材の3つのイラストから「電車の割り込みで席を取ろうとした少女」の行為について，電車に乗っている周りの人の気持ちについてグループで協力して考えて多角的に考えることができました。

　例えば，少女に割り込まれて立っている女性の気持ちを推察して書いた付箋には，「周りの人の事を考えてほしい」「わたしもすわりたいのに」「気をつけてほしいな」「わたしがすわろうとしてたら，わりこんでとられた…」と迷惑な気持ちがありました。また，おばあさんの吹き出しの付箋には，「そこまでしなくても，気持ちだけでいいのに」「立ってトレーニングしているから大丈夫よ」と書いていました。そして，女の子の付箋には，「おばあさんのためならなんでもやる！」というように，ルールを考えない女の子の身勝手な行為を考えて気持ちを推察していました。

　こうして，周りの人やゆずられる人の気持ちも考えて行動することの大切さについて，多角的に複数の立場で考えることができました。

　さらに，給食時の問題場面を扱う2時間目には，感染予防のためにおしゃべりをしないで静かに食べるという規則を守らないという道徳的に見た反価値について深く考えて，班別のワークショップでイラストの周りに，問題点と解決策を付箋に書いてまとめることができました。

　ある児童は，1時間目の振り返りに，「まっいいかじゃだめだと思う。おばあさんはつかれてなくてすわらなくてもよかったら，ことわり方にもこまるし，まわりの人だって席にすわりたいと思うし，女の子はわりこみまでして席をとる必要はないと思う。まわりの人がだれもゆずってくれないなら，すわっている人に声をかけて，おばあさんにゆずってもらったらいいと思う。」というように複雑な状況を理解した上で，望ましい行為について考えることができていました。

　最後に，「まっいいかと思ってはだめ。しゃべりはじめた方は楽しいけど，しゃべられてこまっている方は楽しくないから」と，相手の立場に立って考えることができていました。2時間道徳で深い学びにつながりました。

実践モデル⑫	大阪府豊中市立東豊中小学校　小西みのり教諭
	5年　題材名「命の種を植えたい　緒方洪庵」
	内容項目　生命の尊さ　　主題名　生命の重み
	『小学道徳　生きる力5』日本文教出版

1．この実践の概要

　この実践は，江戸時代に天然痘の研究者及び医者として活躍し，感染予防に関わる医学的貢献を成した緒方洪庵の生き方に学びながら，生命の尊重について考える授業になっています。

　まさに本実践の時期は，コロナウイルス感染症のパンデミックが起きていた時であり，感染症予防教育の一環として，道徳科教育の面から新しい学校教育の在り方を開発する試みとして行われた授業です。

　緒方洪庵が生きた時代は，現代医学や現代医療のように厳密な衛生管理と病原菌の科学的な特性理解に基づいた医療行為を行う時代ではなかったために，治療に効果が出なかった時には民衆からの攻撃の対象になったり，効果の高いワクチンが入手できなくて医療行為が挫折することもあったりしました。

　その意味で，この実践は道徳科の内容項目から見て，生命尊重だけでなく，偉人の生き方から努力と強い意志などの道徳的価値を学べる優れた教材になっています。

　ただし，1時間で終わる授業だけでは，緒方洪庵が成し遂げた偉業の大きさもその努力の過程も表面的な理解にとどまってしまいます。また，本実践でねらいとしたような感染症予防教育として，子どもたちの日常にある身近な感染症の予防に資する道徳的実践意欲を事例研究により高める学びを成立させることはできません。本格的な実践として，総合的な学習の時間と道徳科との教科等横断的なカリキュラム編成までは行わなくても，2時間道徳でできる範囲での新しい授業づくりにチャレンジしたものです。

第7章　2時間道徳の実践事例に学ぶ　**163**

２．2時間道徳としての特徴

　この実践の2時間道徳の実践モデルは，⑫「1時間目は教科書教材に基づいてディスカッションをして，2時間目にミニ探究活動として自分の道徳的な問いに基づいて調査活動を行い具体的なエビデンスに基づく道徳的な判断を交流し発表する。」です。

【2時間道徳のモデル】

⑫　1時間目は教科書教材に基づいてディスカッションをして，2時間目にミニ探究活動として自分の道徳的な問いに基づいて調査活動を行い具体的なエビデンスに基づく道徳的な判断を交流し発表する。

　1時間目には，教科書教材を用いて，緒方洪庵の研究者及び医者としての生き方を資料に基づき学ぶことで，生命を尊重することの大切さを偉人の生き方から学ぶようにしました。教科書教材を主な教材として用いて，そこから緒方洪庵の生き方を探るという道徳科の基本的な授業構成を設定しました。

　2時間目には，尽力的な医療行為の貢献によって，私たちの生命が守られていることを，いくつかの資料を参照することで深く学ぶことができるようにしました。この12番の2時間道徳のモデルに基づいてシンプルな授業構成を考えるならば，2時間目は緒方洪庵に関する資料を新たに提供したり子どもたちに収集させたりして，「努力と強い意志」で天然痘撲滅という偉業を成し遂げた生き方を考えさせることになるでしょう。

　そうすると，2時間道徳の実践モデルでいえば，例えば，「自分で問いを作って学ぶ」タイプ②や，「1時間目とは異なる内容項目に則して学ぶ」タイプ③，または，「ゲストティーチャーを招いて多面的・多角的に考える」タイプ⑧になるわけです。

　しかし本実践では，人類規模での感染症の拡大が再来しても，自らの道徳的実践を通して感染症予防に取り組む力を育てることができるように，2時間目には今日の医療従事者が感染予防と感染症治療のために努力している様子をビデオ映像や医療従事者の語りなどの資料を分析して，緒方洪庵の生き方に学んだ私たちにできることを考えさせることにしました。

3．写真で見る１時間目の様子

 教科書の資料名をモニターで示す	 緒方洪庵の生き方を短文で示す
 当時の感染症や医療の現実を示す	 肖像画を出して意欲を高める
 教科書の読み物教材を範読する	 教科書の読解からわかったことを整理
 ワークシートの記述の様子	 授業で得た気づきを整理した板書

第 7 章　2 時間道徳の実践事例に学ぶ　165

緒方洪庵の生き方を図解で示している	画用紙に肖像画とワークシートを貼る
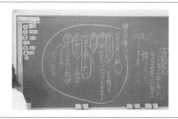	
緒方洪庵の生き方を整理した板書	班ごとに分析ワークシートを掲示する

4．写真で見る2時間目の様子

他の班の気づきを参考にする	朝日小学生新聞を資料として参照する
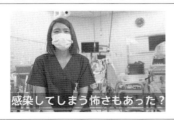	
医療従事者の思いをテレビ番組で学ぶ	緒方洪庵の生き方に関連付ける

現代の自分にできるかどうか考える

緒方洪庵と医療従事者を比較している

生命尊重のために必要な心を考える

真心カードでウェビングしている

ワークショップで得た気づきを整理

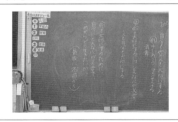
生命尊重のためにできることは？

今の自分ができることを短冊に書く

一人一人が書いた生命尊重の短冊

5．実践の成果と子どもの道徳的成長

　子どもたちは，教科書教材を基にして，天然痘の撲滅のために努力した緒方洪庵の献身的で情熱的な生き方を，次のように整理しました。

【緒方洪庵の生き方】
- 誰にも負けない熱い心
- あきらめない心でうったえ続ける
- かげ口をいわれてもあきらめない
- 強い心で何度でもあきらめない
- 人を助けたいという希望
- 努力 – 人のために勉強

　ここからも，生命尊重だけでなく，そのために生きた緒方洪庵の努力と強い意志にもしっかりと気づくことができています。

　また，2時間目の学習課題「命を大切にするために，自分にどんな心が必要で，これからどう生きたいか？」という問いに対して，子どもたちは次のような決意をそれぞれの短冊に書き，大きな道徳的成長を遂げました。

【生命尊重のために自分が今できること】
- 感謝の心や素直な心を大切にし，これから常に身の回りの人に感謝し，ありのままの自分で生きていきたい。
- 予防などをして，長く生きていきたい。自分にあきらめない心を持つ。
- 素直な心を大切にして，自分の命を大切にして生きていきたい。
- 自分にはもっと人を助ける心と，あきらめないことが必要で，これからあきらめない心を持って，楽しく生きていきたい。
- 自分にできる事は，周りの人と協力して，自分の事と周りの人で助け合うことが一番と思った。
- 自分にできることは，周りの人に協力しながら，自分のこともしっかりと守ることが大切な心だと思った。
- 成長する心を大切にして，自分がよく成長するように生きていきたい。
- 命を大切にするには，自分に相手を思う心が大切で，これから相手を思う心を大切にしたいです。

実践モデル⑬	東京都大田区立都南小学校　江袋勇樹主幹教諭

6年　題材名「あこがれのパティシエ―好きな道を歩む」
内容項目　個性の伸長　　主題名　自分の特徴を見つめて
『新しい道徳 6』東京書籍

1．この実践の概要

　この実践は，「個性の伸長」という内容項目を取り上げて，教科書教材に登場するパティシエの遠藤正敏さんが，自分の夢を実現した生き方に学ぶことをねらいとしています。

　遠藤さんは，教材の中で，夢の実現について，「特別な才能がなくても，一人前のケーキ職人にはなれるのです」と語っていて，パティシエになりたいという自分の夢を実現するためには，努力と自分の個性を生かすことが大切であると述べています。

　6年生になると，多くの子どもたちは自分の長所よりも友だちとの比較によって短所ばかりを気にするようになり，夢の実現に自信を持てなくなってしまいます。そこで，江袋先生はこの教材を通して中学校にもうすぐ進学する子どもたちに，夢を実現することと自分を信じて努力することの大切さを感じてほしいと考えました。

　この実践の一つ目の工夫は，主要な道徳ツールである真心カードを用いて，夢を実現することを多面的・多角的に考えられるようにしたことです。そして，もう一つの重要な工夫点は，必ずしも「個性の伸長」という道徳的実践ができていない自分のこれからの生き方を見直して，友だちからのアドバイスや励ましを支えにして，自分を成長させていこうという決意をもってもらうように活動構成をしたことです。

　子どもたちが回答した「成長力アンケート」とは，筆者が開発した子ども向けアンケートであり，自分がどれほどに自己成長を主体的に推進しているかを自己評価するための評価ツールです（田中博之，2023 年参照）。

２．２時間道徳としての特徴

この実践の２時間道徳の実践モデルは，⑬「１時間目は教科書教材に基づいてディスカッションをして，２時間目には，その価値の実践ができない自分を見つめ，できるようになる方法を考えて発表する。」であり，自分の長所と短所を見つめるための「成長力アンケート」に回答してその結果をレーダーチャートとして可視化するという取組みに挑戦しました。

【２時間道徳のモデル】

⑬　１時間目は教科書教材に基づいてディスカッションをして，２時間目には，その価値の実践ができない自分を見つめ，できるようになる方法を考えて発表する。

この２時間道徳の実践に入る前に，すでに子どもたちは，「成長力アンケート」に回答していて，２時間目にその結果をレーダーチャートにした個票を一人一人受け取りました。

成長力レーダーチャートは，どれ一つ同じ形をしていません。子どもたち一人ひとりは，まさに個性的な存在ですし，また，その時点でレーダーチャートの形が小さかったりデコボコしていたりしていても，気にする必要はありません。道徳科や特別活動の授業を通して，友だちと支え合いながら，少しずつでも長所を伸ばし短所を改めることができればよいのです。

１時間目には，写真にあるように，教科書教材の内容を，「夢の実現のために何が必要なのか」という学習課題に沿って分析したり，自分の考えで真心カードを数枚選んで，「心の構造図」を完成してクラスで共有したりしました。

２時間目には，分析の焦点を「自分の個性」に当てて，自分事として自分の長所と短所を「成長力レーダーチャート」によって自己評価しました。

さらに，ワークシートに自分の将来の夢を書き込み，それを実現するために自分の長所と短所を成長力の視点で分析して書き入れました。その後，班で共有して，アドバイスをもらったり拍手で応援してもらったりしました。

3．写真で見る1時間目の様子

 教科書教材の重要箇所に線を引く	 「夢がかなったポイント」を発表する
 夢の実現のポイントを整理している	 関連する真心カードを切り抜く
 夢をかなえられた理由を分析する	 考えたことをグループで共有する
 夢の実現のために必要なことを整理	 完成した心の分析ワークシート

第7章 2時間道徳の実践事例に学ぶ　171

4．写真で見る2時間目の様子

 アンケート結果のレーダーチャート	 結果を見て成果と課題を分析する
 自己分析の結果を班で共有する	 将来の夢と努力することを書く
 友だちへのアドバイスと励ましを書く	 班で共有し励ましの拍手を送る
 もらったアドバイスを発表する	 夢の実現のために必要なことを整理

5．実践の成果と子どもの道徳的成長

まず，子どもたちは，遠藤正敏さんの「夢の実現ポイント」として，「がむしゃらに働いた」「ケーキが大好き」「自分から覚えようとする」「人を喜ばせたい」「留学→努力」などという観点で捉えていました。さらにそこを深掘りするために，江袋先生は，子どもたち一人ひとりに画用紙と真心カードを配って，遠藤さんの「心の構造図」を作るように指示しました。

子どもたちは，「愛する心」「信じる心」「強い心」「成長する心」「やさしい心」「大切にする心」「役立つ心」などのカードを思い思いに選んで，画用紙に貼るとともに，その理由や具体例を書き込んでいきました。

最後に，学習課題への自分なりの回答として，夢を実現するために必要なことを，「一番は，成長する心だと思います。理由は自分が成長しようと努力しないと，絶対に夢はかなわないと思うからです。」などのようにしてまとめることができました。

2時間目の自己分析については，それぞれのレーダーチャートの形状を分析して，ワークシートに，「長所と課題」という2つの側面から自己分析をしました。ある児童は，長所に，成長力アンケートの領域から「成長の目標をもつ力」を挙げて，その理由を「将来の夢がある。中学校の目標があるから。」と書き，続けて，課題として，「心を落ち着かせる力」を挙げて，その理由を，「いつもさわいでいる。イライラすると落ち着かない」というように，自分の個性をしっかりと分析できていました。

そして，クラス全体に共有してもらうと，ある児童は，「僕は，イラッとすると感情に出てしまうので，友だちから心を落ち着かせるアドバイスをもらってためになった」と発表したり，「目標を持っているなら，自分の得意なことに自信をもつといいとアドバイスがもらえた」と喜んでいました。

最後に，将来の夢と中学校の目標，そして，そのためにがんばることを書いて，友だちと共有しアドバイスや応援の拍手をもらいました。

2時間道徳により，自分事として個性の伸長を考えた優れた実践でした。

第7章　2時間道徳の実践事例に学ぶ　**173**

> **実践モデル⑭**　東京都新宿区立花園小学校　梅澤泉教諭
> 5年　題材名「道徳物語」を作ろう（自作）
> 内容項目　児童による設定　　主題名　児童による設定
> 『ひみつのきもちぎんこう』金の星社

1．この実践の概要

　この実践は，通常の道徳科の授業が，教科書教材や自主教材を読解することによって道徳的価値を深く理解することを中心的な活動にするのに対して，道徳物語を子どもたち自身が創作して，それを道徳の教材として用いてクラスの子どもたちが道徳的価値について考えることを特徴としています。かなり大胆で発展的な取組みであるため，いくつかの配慮が必要になります。

　まず，2時間道徳が必要とする2時間の授業時数をかけても，原稿用紙2枚にわたるオリジナル物語を完成して学び合うことは難しいため，物語の構想づくりや，物語の下書き，清書，色画用紙を使った装丁といった物語創作の一連の活動は，宿題や隙間時間を使った活動として，計画的な授業実践が必要になることです。

　また，小学校では6年生までに3回程度の物語づくりの学習を国語科で行った経験があるはずですが，子どもたちに創作のすべてを任せることはできず，構成や段落，登場人物や状況の設定，書き出しの工夫，テーマや主題の明確化などの基本事項を，一通り支援することが必要になります。

　さらに，物語づくりを行うと国語科の授業のようになってしまい，道徳科でおさえるべきめあてや目標が曖昧になることにも注意が必要です。

　このような配慮点がいくつかあるにもかかわらず，梅澤先生には，子どもたちにより主体的に道徳的価値について多面的に深く考えてもらうために，教材を読む活動を繰り返すだけでなく，主体的に考えて書いて創作する活動が効果的であるという強い思いがあったのです。一つの説得力ある提案として受け止めていただき，年に1回でも実践してくだされば幸いです。

２．２時間道徳としての特徴

　この実践の２時間道徳のモデルは，⑭「１時間目は教科書教材に基づいてディスカッションをして，２時間目には，その道徳的価値を実践することの大切さを訴えるオリジナルの創作物語や４コマ漫画を作って交流する。」です。

【２時間道徳のモデル】

⑭　１時間目は教科書教材に基づいてディスカッションをして，２時間目には，その道徳的価値を実践することの大切さを訴えるオリジナルの創作物語や４コマ漫画を作って交流する。

　なおこの実践は，現行の小学校学習指導要領の全面実施前に教科書がない段階で行われたため，１時間目の教科書教材の代わりとして，子どもたちが，「正直に生きることの大切さ」を考えることができて，子どもたちに親しみやすく文章も平易な絵本『ひみつのきもちぎんこう』（ふじもと みさと・作，田中六大・絵，金の星社，2015 年）を用いました。この絵本を出発点とすれば，子どもたちが面白くてためになる道徳教材になる物語を創作しようという意欲が高まるのではないかと考えたのです。

　つまり，子どもたちによる手作り教材の共有と学び合いが生まれる道徳科教育を新しく開発しようと考えたのです。

　したがってこの小単元では，内容項目も主題名も子どもたちが設定しますから，これまでの慣習的な授業づくりの常識から少し離れて，子どもたちの自然な心理と学習効果を大切にして，先入観なく新しい道徳科教育の在り方を模索してみたのです。授業の流れは，次のようになっています。

【事前学習１】　絵本を読んでその中の道徳的価値を理解するとともに，物語の展開や工夫の面白さを知り道徳物語を創作しようという意欲を持つ。

【１時間目】　事前に作ってきた物語の構想図とあらすじシートを基に，班でそれぞれの創作道徳物語の相互評価をして改善点を見つける。

【事前学習２】　物語を推敲して清書し完成する。

【２時間目】　班で友だちの道徳物語を読み合って発表し，相互評価するとともに，どのような道徳的価値をそこから学んだかを話し合う。

3．写真で見る1時間目の様子

 ワークシートや原稿用紙を閉じる表紙	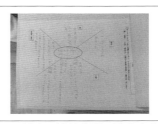 4つの観点で道徳物語の設定をする
 本時では，班での相互評価を通した下書きの推敲をめあてにする	 指定図書を基にして，道徳的成長のあらすじを書き出す
 参考例を基にして自分の物語に含まれる道徳的成長のあらすじを書き出す	 心の構造図の中に，道徳的成長のあらすじを書き出した様子
 道徳物語の構想とあらすじを共有する	 教室内に設置した物語の本のコーナー

教室内に掲示した道徳はがき新聞	見本の心の構造図に付箋を貼っている

もらったアドバイスや評価を共有する	アドバイスや相互評価の付箋紙を貼る

4．写真で見る2時間目の様子

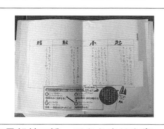	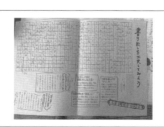
起承転結に沿ってあらすじを書いた	多様な書き出しの工夫を学んでいる

完成した道徳物語の表紙	自分の物語を読んで共有する

第7章 2時間道徳の実践事例に学ぶ 177

 自分が創作した物語を読んでいる	 評価カードにコメントを書いている
 5つの評価観点と評価コメント	 心の構造図に付箋をもらっている
 心を込めて自作の道徳物語を読む	 友だちからもらった3枚の評価カード
 班で選んだベスト物語を貼る	 ベスト物語のよいところを発表する

5．実践の成果と子どもの道徳的成長

　通常の道徳教材は，多くの場合，子どもたちに考えさせる内容として，道徳的な問題状況を提示し，エンディングはオープンエンドにして，子どもたちが多面的・多角的な見方・考え方を出し合いながら，「考え議論する」ことを通して，道徳的価値に深く気づくことをねらいとしています。

　しかし，この実践においては，子どもたちが道徳的価値と道徳的実践を設定しやすくしたり，友だちの作品から気づきやすくしたりするとともに，道徳的成長とその要因について深く考えることができるように，物語の前半と後半で，主人公があるきっかけを境にして成長していくという設定をすることにしました。

　例えば，ある児童は，「自信を持てない，人の前でしゃべるのが苦手，勇気が持てない」私が，「学校に行って努力した」結果，「自信がついた，人の前で少しだけど話せるようになった，勇気が持てた」というようにして，道徳的成長を果たすことができたお話を作っていました。これは，道徳科の内容でいえば，「努力と強い意志」，または，「個性の伸長」の項目を学ぶ道徳教材になっているといえるでしょう。

　そのために，１時間目には，事前学習１で子どもたちがそれぞれに書いてきた物語の構想の中に，どのような道徳的成長とそのきっかけをうまく設定できたかについて，友だちからの相互評価をもらうことで，基本構想を練り上げるようにしました。

　２時間目には，練り上げた構想を基にして，事前学習２で完成してきた自分の創作道徳物語を，班で読み合わせをしながら相互評価しました。

　そうして，真心カードに書かれた道徳的価値のキーワードを参考にして，それぞれの友だちの道徳物語を読んで，そこから学んだ生き方について，「協力する心が大切だと気付きました」「勇気を出してあきらめない心が大切だとわかった」というように，作品の中に埋め込まれた道徳的価値を理解することができました。

　このようにして，「子どもが教材を読む道徳授業」から，「子どもが教材を作る道徳学習」へ，視点を変えた実践に挑戦してみませんか。

第7章　2時間道徳の実践事例に学ぶ　**179**

> | 実践モデル⑮ | 東京都新宿区立花園小学校　梅澤泉教諭 |
> | | 4年　題材名「道徳力はなぜ必要か」（自作） |
> | | 内容項目　個性の伸長　　主題名　大なわをふり返って |
> | | 自作教材「道徳力アンケート」 |
> | | ニュースビデオ「成人式で騒ぐ2人逮捕」 |

1. この実践の概要

　この実践は，道徳力を可視化する道徳力アンケート（巻末資料1）で自己評価（セルフ・アセスメント）することを通して，子どもたちが自己の道徳力の成果と課題を診断し，これからの自分の道徳力を伸ばす課題を設定するために行われたものです。

　道徳力とは，感謝する心，強い心，反省する心，大切にする心，礼儀の心，正しい心，役立つ心，改善する心，認める心，成長する心，という道徳科の内容項目をやさしい言葉で整理し直した道徳的な資質・能力です（田中博之ほか，2018年）。

　梅澤先生は，自身の学級で年間を通して，この道徳力アンケートを4回実施し，その成長過程で道徳科の授業を複数時間設定して，アンケートの結果を可視化した道徳力レーダーチャートを基にして，振り返りや次の道徳力の成長課題を設定する活動を継続してきました。

　道徳力レーダーチャートは，子どもたち一人ひとりでその形状が異なります。それぞれの子どもには，その子固有の道徳力の成果と課題があり，であるからこそ，個別最適な学びとして，自分の道徳力の自己評価を通して自己改善を図ることが大切になるのです。

　子どもたちは，立派な大人，優れた成人になるために，道徳力を向上させることが大切だという意識をもっています。その意識を高めて，道徳実践週間をもち，その成果を振り返り自分をさらに創っていく実践です。

2. 2時間道徳としての特徴

　この実践の2時間道徳の実践モデルは，⑮「1時間目は教科書教材から個性を伸ばし努力して生きることの大切さについて考えて，2時間目には，道徳力アンケートで自己診断をして結果をレーダーチャートにして，自己診断をして自己改善の方法を考える。」です。

【2時間道徳のモデル】

⑮　**1時間目は教科書教材から個性を伸ばし努力して生きることの大切さについて考えて，2時間目には，道徳力アンケートで自己診断をして結果をレーダーチャートにして，自己診断をして自己改善の方法を考える。**

　道徳力レーダーチャートを活用した2時間道徳の在り方は，この15番のモデルで示したように，まず1時間目に教科書教材で「個性の伸長」や「努力と強い意志」などの内容項目について考えて，続く2時間目で道徳力レーダーチャートの形状を基にして，自己の道徳力の課題を見出して自己の成長課題を設定し自己宣言するという流れが基本となります。

　しかし，梅澤学級では，道徳力アンケートを年間通して継続利用していることから，このタイプに捉われずに，1時間目に自主教材として道徳力レーダーチャートの結果の診断から授業を開始して，2時間目にテレビのニュース番組を教材として選択し，そこから自己の道徳力の成長課題を宣言するという独自の展開を工夫しました。

　そのニュース番組には，成人式で道徳力がない若者が騒動を起こしている様子が映っていて，子どもたちは立派な大人になるためには，自分の道徳力を伸ばすことが大切だという意識を持つようになりました。

　また，1時間目には考える素材として身近な学校行事である「大なわ大会」を取り上げて，飛べる回数を増やすために必要な道徳力は何かという観点で自己を見つめたり考えたりする活動も入れました。

　さらに，梅澤学級では，道徳はがき新聞を継続的に書いて教室内に掲示していて，道徳力の伸長に取り組む意識を高めて内在化する工夫もしています。

　具体的な取組みの様子は，実践の写真をご覧ください。

第7章　2時間道徳の実践事例に学ぶ　　181

3．写真で見る1時間目の様子

事前に道徳力成長報告書を書いてくる	道徳力パワーアップ計画書を書いてくる

大なわ大会をふり返る	二次元座標軸で取組の成果と課題を整理

道徳力アンケートの結果を可視化する	道徳力レーダーチャートを見て分析する

大なわの取組を道徳力の観点で評価	評価した付箋を二次元座標軸で整理する

班で協力して二次元座標軸で整理する	整理した結果を班ごとに発表する

ホワイトボードを貼って共有する	これから取組がよくなるよう意識づける

4．写真で見る2時間目の様子

道徳力はがき新聞に決意を書いている	テレビの成人式のニュースを視聴する

困った大人をみた経験を発表する	成人になるために必要な道徳力とは

第7章　2時間道徳の実践事例に学ぶ　183

道徳力レーダーチャートで自己診断	もっと伸ばしたい道徳力を共有する

伸ばしたい道徳力を分類する	カテゴリーで整理する

よい成人になるために必要な道徳力	これから伸ばしたい道徳力を発表する

これから伸ばしたい道徳力を発表する	レーダーチャートに決意を書き込む

5．実践の成果と子どもの道徳的成長

　道徳力アンケートと道徳力レーダーチャートの活用は，これまでの道徳の時間や道徳科の実践の慣習にはないものであるため，意義と効果はあっても実践に移すとなると，ためらいも感じられることでしょう。

　そこで，最後に，子どもたちの道徳的成長を示すはがき新聞の作品例やワークシートと付箋の記述内容を紹介したいと思います。こうした子どもたちの力強い言葉が，この実践の大きな成果を物語っています。

【はがき新聞の作品例】

「自分の道徳力で変わった力!!」

　ぼくの道徳力は，4年生のレベルとしてとても下がっていると思います。ぼくは，その中でもみとめる心が低いです。なぜなら自分の事だけを考えて人の事は，ぜんぜん考えないからです。

　ぼくは，大なわでみとめる心がなくて連続とびができない人がとんでもほめてあげないです。だから，みとめる力をのばすため，人とのしんらい関係をもって友だちをみとめるように努力したいと思います。

　みんなと話し合ってぼくの道徳力は上がったと思います。理由は，みとめる心と強い心が成長したし，もっと考える事が多くなったからです。

【付箋に書いた記述例】

- 「役立つ心が必要」　人にやさしくするという事は，いつでも必要だけど大人になったら多くの人と関わってくるから。
- 「友だちを大切にする心」　人間は一人では生きていくことはできないし，仲間とささえあって生きていくから。
- 「はんせいする心がひつよう」　失敗は，大人になってもたくさんすると思います。けれども失敗したことについてうそをついていたりすると，自分はうその事をほんとうの事にしてしまう。次は，失敗しないようにする。
- 「ありがとうの心」　今は，ありがとうをいう人があまりいなくて私もいっていません。なので，社会人になるためでもあるので，しっかりと心をこめて，ありがとうを言うと，言った方も言われた方もうれしくなると思うから

です。

【ワークシートでの振り返りの例】

今まで，自分の道徳力を上げればいいと思っていたけど，みんなの道徳力が上がったら，大なわも 250 回こえるんじゃないかということが分かったので，これから上げられるようにみんなで努力すればいいなと思います。

自分では思いつかないのでなやんでいたことも，はんのみんながいろいろなアドバイスをしてくれたので，少し安心した気がします。今回もらったアドバイスを大切にしてこれからの生活にいかしたいです。そしたら，みんなとのコミュニケーションや友情が深まり，すばらしい 4 － 2 になると思います。

【参考文献】

田中博之『子どもの自己成長力を育てる』金子書房，2023 年

田中博之・梅澤泉・彦田泰輔共著『「考え，議論する」道徳ワークショップ』明治図書出版，2018 年

資 料 1

ver.2.0

どうとく力アンケート
小学校中学年版

第　回　（　　月）

年　　組　　番
名前

◎　このアンケートは、わたしの生き方や考え方、そして行動のし方についてふりかえるためのものです。それぞれの文の4〜1の数字のあてはまるところに、一つずつ○をつけましょう。

4：とてもあてはまる　3：少しあてはまる　2：あまりあてはまらない　1：まったくあてはまらない

ありがとうの心

①**ありがとう**　よいことをしてくれた人に、「ありがとう」といっています。　4 — 3 — 2 — 1
②**ことば**　「やさしいね」「うれしいな」「たすかったよ」と、気持ちよいことばを使っています。　4 — 3 — 2 — 1

強い心

③**いじめない**　どんな小さなことでも、いじめはしていません。　4 — 3 — 2 — 1
④**おさえる**　人のことをうらやましいと感じても、悪口をいったりむししたりしていません。　4 — 3 — 2 — 1

はんせいする心

⑤**おちつき**　イライラしたりカッとしたときでも、ぐっとこらえておちつくことができます。　4 — 3 — 2 — 1
⑥**あやまる**　よくないことをしたときは、うそをつかずにすぐあやまっています。　4 — 3 — 2 — 1

大切にする心

⑦**尊重**　友だちの心をきずつけることをいったり、いやがることをしたりしていません。　4 — 3 — 2 — 1
⑧**安心**　友だちにどなったり、たたいたり、けったりしていません。　4 — 3 — 2 — 1

れいぎの心

⑨ あいさつ　わたしから進んで「おはよう」「こんにちは」など、あいさつをしています。　　4 ― 3 ― 2 ― 1

⑩ ゆずる　　わたしが先にやりたいと思っても、人にゆずることができます。　　4 ― 3 ― 2 ― 1

正しい心

⑪ 係や仕事　わたしの係や仕事は、ちゅういされなくてもきちんとさいごまでやっています。　　4 ― 3 ― 2 ― 1

⑫ きまり　　わたしから進んで、学校や社会のきまりをまもっています。　　4 ― 3 ― 2 ― 1

やくだつ心

⑬ やさしさ　こまったことや悲しいことがある人を、助けたりはげましたりしています。　　4 ― 3 ― 2 ― 1

⑭ ていあん　人のためになることを、クラスの話し合いでていあんしたり、行ったりしています。　4 ― 3 ― 2 ― 1

よくする心

⑮ 仲直り　クラスでおきたもめごとやケンカは、仲直りができるように声かけをしています。　　4 ― 3 ― 2 ― 1

⑯ そうじ　わたしから進んでそうじやかたづけをして、気持ちよい教室になるようにしています。4 ― 3 ― 2 ― 1

みとめる心

⑰ ほめる　友だちのよい考えやがんばりを、「すごいね」「さんせい」とほめています。　　4 ― 3 ― 2 ― 1

⑱ ちがい　人がもっているそれぞれのちがいを、ばかにしたりけなしたりしていません。　　4 ― 3 ― 2 ― 1

せいちょうする心

⑲ 努力　わたしのよいところをのばし、悪いところを直せるように、努力しています。　　4 ― 3 ― 2 ― 1

⑳ めあて　わたしがやろうと決めたことは、めあてを決めてねばり強くとりくんでいます。　　4 ― 3 ― 2 ― 1

188

資　料　2

ver.2.0

道徳力アンケート
小学校高学年版

年　　組　　番
名前

第　　回　（　　月）

◎　このアンケートは、自分の生き方や考え方、そして行動のし方についてふり返るためのものです。それぞれの項目の4〜1の数字のあてはまるところに、一つずつ〇をつけましょう。

4：とてもあてはまる　3：少しあてはまる　2：あまりあてはまらない　1：まったくあてはまらない

感謝する心

①感謝　よいことをしてくれた人に、「ありがとう」といっています。　　　　　　4 ― 3 ― 2 ― 1
②ことば　「やさしいね」「うれしいな」「たすかったよ」と、気持ちよいことばを使っています。　4 ― 3 ― 2 ― 1

強い心

③いじめない　どんな小さなことでも、いじめはしていません。　　　　　　　　4 ― 3 ― 2 ― 1
④おさえる　人のことをうらやましいと感じても、悪口をいったりむししたりしていません。　4 ― 3 ― 2 ― 1

反省する心

⑤おちつき　イライラしたりカッとしたときでも、ぐっとこらえておちつくことができます。　4 ― 3 ― 2 ― 1
⑥考える　ふだんから、「どの考えや行動が正しいのだろう」と自分で考えるようにしています。　4 ― 3 ― 2 ― 1

大切にする心

⑦尊重　友だちの心を傷つけることをいったり、いやがることをしたりしていません。　4 ― 3 ― 2 ― 1
⑧安心　友だちにどなったり、たたいたり、けったりしていません。　　　　　　4 ― 3 ― 2 ― 1

礼儀の心

⑨あいさつ　自分から進んで「おはよう」「こんにちは」など、あいさつをしています。　　　4 — 3 — 2 — 1

⑩たのむ　人にものを頼むときには、ていねいに「お願いします」といっています。　　　4 — 3 — 2 — 1

正しい心

⑪責任　自分の係活動やあたえられた役割は、責任をもってきちんとやりとげています。　　4 — 3 — 2 — 1

⑫ルール　自分から進んで、学校や社会のルールを守っています。　　　4 — 3 — 2 — 1

やくだつ心

⑬やさしさ　困ったことや悲しいことがある人を、助けたりはげましたりしています。　　4 — 3 — 2 — 1

⑭提案　人のためになることを、クラスの話し合いで提案したり、行ったりしています。　　4 — 3 — 2 — 1

改善する心

⑮仲直り　クラスでおきたもめごとやケンカは、仲直りができるように声かけをしています。　4 — 3 — 2 — 1

⑯そうじ　自分から進んでそうじやかたづけをして、気持ちよい教室になるようにしています。　4 — 3 — 2 — 1

認める心

⑰ほめる　友だちのよい考えや意見そしてがんばりを、「すごいね」「賛成」とほめています。　4 — 3 — 2 — 1

⑱個性　人がもっているそれぞれの違いや個性を、ばかにしたりけなしたりしていません。　　4 — 3 — 2 — 1

成長する心

⑲努力　自分の長所を伸ばし短所を直せるように、努力しています。　　　4 — 3 — 2 — 1

⑳目標　自分がやろうと決めたことは、目標を決めてねばり強く取り組んでいます。　　　4 — 3 — 2 — 1

資　料　3

ver.2.0

道徳力アンケート
中学校版

年　　　組　　　番
名前

第　回　（　　月）

◎　このアンケートは、自分の生き方や考え方、そして行動のし方についてふり返るためのものです。それぞれの項目の4～1の数字のあてはまるところに、一つずつ○をつけましょう。

4：とてもあてはまる　3：少しあてはまる　2：あまりあてはまらない　1：まったくあてはまらない

感謝する心
① 感謝　　よいことをしてくれた人に、「ありがとう」といっています。　　　4－3－2－1
② お礼　　助けてくれた人やおせわになった人へ、お礼の手紙やメールを出しています。　　　4－3－2－1
③ よい言葉　「やさしいね」「うれしいな」「たすかったよ」と、気持ちよい言葉を使っています。　　　4－3－2－1

強い心
④ いじめない　どんな小さなことでも、いじめはしていません。　　　4－3－2－1
⑤ 抑える　　人のことをうらやましいと感じても、悪口をいったり無視したりしていません。　　　4－3－2－1
⑥ 勇気　　「悪いことはやめよう」「よいことはやろう」と、勇気を出して言っています。　　　4－3－2－1

反省する心
⑦ おちつき　イライラしたりカッとしたときでも、ぐっとこらえておちつくことができます。　　　4－3－2－1
⑧ あやまる　よくないことをしたときは、うそをつかずにすぐあやまっています。　　　4－3－2－1
⑨ 判断　　ふだんから、「どの考えや行動が正しいのだろう」と自分で考えるようにしています。　　　4－3－2－1

大切にする心
⑩ 大切　　いのちある生き物や食べ物、まわりの自然や公共物を大切にしています。　　　4－3－2－1
⑪ 尊重　　友だちの心を傷つけることをいったり、いやがることをしたりしていません。　　　4－3－2－1
⑫ 安心　　友だちにどなったり、たたいたり、けったりしていません。　　　4－3－2－1

礼儀の心

⑬挨拶　　自分から進んで「おはよう」「こんにちは」など、あいさつをしています。　　　4 ― 3 ― 2 ― 1

⑭ゆずる　　自分が先にやりたいと思っても、人にゆずることができます。　　　4 ― 3 ― 2 ― 1

⑮依頼　　人にものを頼むときには、ていねいに「お願いします」といっています。　　　4 ― 3 ― 2 ― 1

正しい心

⑯責任　　自分の係活動や与えられた役割は、責任をもってきちんとやりとげています。　　　4 ― 3 ― 2 ― 1

⑰心がけ　　ふだんから、正しい言葉づかいや正しい行動ができるように心がけています。　　　4 ― 3 ― 2 ― 1

⑱ルール　　自分から進んで、学校や社会のルールを守っています。　　　4 ― 3 ― 2 ― 1

やくだつ心

⑲思いやり　　「自分さえよければ」ではなく、「人の喜ぶこと」を考えて行動しています。　　　4 ― 3 ― 2 ― 1

⑳やさしさ　　困ったことや悲しいことがある人を、助けたりはげましたりしています。　　　4 ― 3 ― 2 ― 1

㉑提案　　人のためになることを、クラスの話し合いで提案したり、実行したりしています。　　　4 ― 3 ― 2 ― 1

改善する心

㉒仲直り　　クラスでもめごとやケンカがおきた時は、仲直りができるように声かけをしています。4 ― 3 ― 2 ― 1

㉓話し合い　　よりよい学級にするための話し合いでは、自分の意見を発言しています。　　　4 ― 3 ― 2 ― 1

㉔掃除　　自分から進んで掃除やかたづけをして、気持ちよい教室になるようにしています。　　　4 ― 3 ― 2 ― 1

認める心

㉕聞く　　人の話や気持ちを最後までしっかりと聞いて、受けとめています。　　　4 ― 3 ― 2 ― 1

㉖ほめる　　友だちのよい考えや意見そしてがんばりを、「すごいね」「賛成」とほめています。　　　4 ― 3 ― 2 ― 1

㉗個性　　人がもっているそれぞれの違いや個性を、ばかにしたりけなしたりしていません。　　　4 ― 3 ― 2 ― 1

成長する心

㉘すなお　　「こうした方がいい」というアドバイスや注意は、すなおに受け入れています。　　　4 ― 3 ― 2 ― 1

㉙努力　　自分の長所を伸ばし短所を直せるように、努力しています。　　　4 ― 3 ― 2 ― 1

㉚目標　　自分がやろうと決めたことは、目標を決めてねばり強く取り組んでいます。　　　4 ― 3 ― 2 ― 1

【用語解説】

• 心のビンゴゲーム

　これは，実践事例5の授業者である梅澤泉先生が開発した道徳ツールを使ったゲームの一つで，道徳教材の中の登場人物の心の変容を可視化するために，片面に笑顔のピンク色の画用紙，そしてもう片面に怒った顔のグレー色の画用紙を貼った円形のカードを使ったゲームです。物語の進行に合わせて，登場人物の心情が肯定的になったり否定的になったりするたびに，子どもたちの判断によってひっくり返していくので，登場人物の心情が肯定的なのか否定的なのか，そしてその数が何人くらいなのか，増えているのか減っているのかなどを実感できるので，子どもたちにとって，各場面での登場人物の心情理解がゲーム感覚で容易になるという効果があります。ただし，ゲームと呼んでいますが勝ち負けがついたり，数を競ったりするものではありません。

• イメージマップ

　40年以上前からわが国の学校での授業に取り入れられている人間のイメージの可視化を通した発想法・連想法の手法の一つで，B4判またはA4判程度の紙の中心部分に四角い枠を描き，その周りにいくつかの楕円のノードとノード間を結ぶリンクと呼ばれる線を描いた思考の地図のようなものです。学習者は，まずその中心の枠の中に構造化したいイメージの中心となるキーワードを一つ書き入れて，その周りのノードに思いつくキーワードを書き入れていきます。新しいノードを書き足していきながら，キーワードを樹形樹のようにして広げていきます。用紙一杯に描き広げられたら，一旦連想は終わりです。

　教育的手法としては，3色の色鉛筆を用いて，自分の発想の広がりや深まりを段階に応じて色別に示したり，授業の事前と事後で，2回のイメージマップを書かせることで，子どもたちに学習成果として，どのような知識を身につけられて，それぞれの知識をどのような相互関連を持つ構造として理解したかをメタ認知させるために使われます。

• 心の葛藤図

　人間の心の中にある肯定的な考えと否定的な考えが葛藤する様子を，子どもにもわかりやすくなるように，天使と悪魔のキャラクターを貼りながら，図や文章を書き入れて自分自身の心の中の葛藤を図式化して表現するための道徳ツールの一つです。詳しい使い方と授業での具体的な活用方法は，以下の文献を参考にしてください。

　田中博之・梅澤泉・彦田泰輔共著『「考え，議論する」道徳ワークショップ』明治図書出版，2018年

用語解説　**193**

・成長力アンケート

　早稲田大学の田中博之によって開発された子ども向けアンケートで，子どもたちの自己成長の様子を子どもたち自身でセルフ・アセスメントする評価ツールの一つです。具体的には，自己成長力の7領域14項目を定義し，それらを含めたアンケートになっています。7つの領域とは，「成長しようとする力」「成長の目標をもつ力」「自分を評価する力」「自分を創る力」「友だちとともに成長する力」「自分を修正する力」「心を落ちつかせる力」です。

　このアンケートに含まれる7領域14項目を確定するために，グレナセミナーで梶田叡一氏が主導した「自己成長性」項目を参考にするとともに，さらにマズローが提案する成長動機，キャロル・ドゥエックが提唱する成長マインドセットの考え方，アンガーマネジメント理論，そして，速水倫彦が作成した自己成長力の調査項目などを参考にしています。

　そして，今日の日本の小中学生の実態に応じて，子どもたちの自己イメージと近い項目を作るようにしました。小学校高学年版アンケートと中学校版基礎編アンケート，そして中学校版応用編アンケートという3種類を作成しています。

　以下の文献を参考にしてください。

　田中博之著『子どもの自己成長力を育てる』金子書房，2023年

・成長力レーダーチャート

　成長力レーダーチャートとは，子どもたちが回答した自己成長力アンケートの結果を子どもたちにわかりやすく可視化するために，エクセルを用いたレーダーチャート作成ソフトに回答結果を入力すれば，領域ごとに描かれるレーダーチャートのことです。

　子どもたちには，わかりやすくなるようにシンプルに，「集計シート」という名前をつけて示しています。また例えば，Googleスプレッドシートなどのアプリを使って，子どもたちがタブレットで入力した回答を基にオンライン版成長力レーダーチャートを自動で描画するオンライン版成長力レーダーチャート作成ソフトを作成・活用することもできます。

　オンライン版成長力アンケートもオンライン版成長力レーダーチャート作成ソフトも，各学校に配置されているICT支援員の協力が得られれば，かなり容易に作成できますのでお薦めします。

　以下の文献を参考にしてください。

　田中博之著『子どもの自己成長力を育てる』金子書房，2023年

おわりに

２時間道徳は，コロンブスの卵

　２時間道徳の授業を探究する私の実践研究の旅は，本書の刊行をもって，一段落です。

　実は，２時間道徳の基本的な授業モデルを構成し，最初の試行授業を実施してから，すでに10年近くが経ちました。これは，従来にない授業論に対して出版社の理解が得られず，いくつかの教育委員会や指導主事の強い反対に直面したためです。また，長年道徳教育の研究をしている学校の先生方から強い拒否感が示されたことによります。

　当時の道徳科の教科調査官さえもが，複数時間による道徳科の単元作りには消極的であったことも，ここに明記しておきたいと思います。

　法的文書である学習指導要領に「一つの内容項目を複数の時間にわたって取り扱うようにすること」という記載があるにもかかわらず，教育関係者にそのよさと授業づくりの方法を理解していただけないもどかしさ，そして自身の力不足にうなだれる毎日でした。

　「学習指導要領に明記され，遵守義務のある指導上の工夫を，なぜ国や教育委員会，学校という公的な立場にある人たちが反対したり忌避したりするのだろう？」という，私にとって理解しにくい疑問は，深まるばかりでした。

　しかし，私の授業改善への強い思いを深く理解していただいている先生方のご支援を得て，本書において２時間道徳の実践について具体的に説得力ある形で提案することができたことを大変うれしく思います。

　さて，まえがきにも書きましたが，私の不安と心配を救ってくれたのは，何より，２時間道徳の授業を受けて，自分らしく実感のある思いや気づきを素直に発表したり友だちと対話したりしている生き生きとした子どもたちでした。

子どもたちが集中して積極的に深い学びを生み出している姿こそが，2時間道徳の効果を何よりも物語っていました。

「子どもたちこそが，2時間道徳のよさを証明している！」

そういう思いで，2時間道徳の実現のために孤軍奮闘してきたのです。

確かに，忙しい学校の中で，新たな授業づくりの負担を増やすことはよいことではありませんし，中学校では，週によって2時間連続の道徳科の小単元があるということは，現状では時間割づくりの負担となります。

しかし，日本型学校教育の特長を道徳科教育の充実にしたいと考えている筆者としては，道徳科の年間授業時数を50時間に増やして，2時間道徳を正式な学校カリキュラムに位置付ける日が来ることを願っています。

そのための新たな実践研究を，そろそろ始動しようと思います。

読者の皆様におかれましては，2時間単元という小さな取組でありながらも子どもたちに大きな成果をもたらす新しい道徳科の授業づくりの一歩を，本書の実践事例を追試することから始めていただくことを願っています。周りの先生たちは取り組んでいなくても，2時間道徳には法的根拠があります。子どもたちもきっと「賛成！」と言ってくれるでしょう。

2時間道徳は，コロンブスの卵です。中世の当時の国王や富豪たちは，東に船を進めて大きな財産を得ていました。そのため，西に冒険に行ってみたいというコロンブスの航海の支援を打ち切りにしたのです。私を歴史上の偉人に例えるつもりは全くありませんが，人間の思い込みというのは怖いものです。しかし，2時間道徳で学ぶ子どもたちの姿を見てみてください。きっと，コロンブスが西に進路をとって大陸を発見した時のような感動と充実感を得られるに違いありません。

最後になりましたが，2時間道徳の実践化について貴重なアドバイスをいただきました。大阪体育大学教授の蛯谷みさ先生に深く感謝いたします。

筆者記す

執筆者

田中　博之（たなか・ひろゆき）

早稲田大学教職大学院　教授
専門：教育工学および教育方法学

1960年生まれ。大阪大学人間科学部卒業後，大阪大学大学院人間科学研究科博士後期課程在学中に大阪大学人間科学部助手となり，その後大阪教育大学専任講師，助教授，教授を経て，2009年4月より現職。1996年及び2005年に文部科学省長期在外研究員制度によりロンドン大学キングズカレッジ教育研究センター客員研究員。
メールアドレス　hiroyuki@waseda.jp

［著書］

『学級力が育つワークショップ学習のすすめ』（単著）金子書房，2010年
『学級力向上プロジェクト』（編著）金子書房，2013年
『学級力向上プロジェクト2』（編著）金子書房，2014年
『学級力向上プロジェクト3』（編著）金子書房，2016年
『若手教員の学級マネジメント力が伸びる！』（編著）金子書房，2018年
『新全国学テ・正答力アップの法則』（単著）学芸みらい社，2019年
『「主体的・対話的で深い学び」学習評価の手引き』（単著）教育開発研究所，2020年
『NEW学級力向上プロジェクト』（編著）金子書房，2021年
『子どもの自己成長力を育てる』（単著）金子書房，2023年
『授業で使える！　教師のためのChatGPT活用術』（単著）学陽書房，2024年
『中学校の学習評価ハンドブック』（編著）学事出版，2024年

他多数。

2時間単元で構成する道徳科授業の理論と実践　　　　［早稲田教育叢書43］

2025年3月31日　第1版第1刷発行

著　者　田　中　博　之

編纂所　**早稲田大学教育総合研究所**
　　　　〒169-8050　東京都新宿区西早稲田1−6−1　電話　03（5286）3838

発行者　**田　中　千津子**　　　　〒153-0064　東京都目黒区下目黒3−6−1
　　　　　　　　　　　　　　　　　　　　　　電　話　03（3715）1501（代）
発行所　株式会社　**学　文　社**　　　　　F A X　03（3715）2012
　　　　　　　　　　　　　　　　　　　　　　https://www.gakubunsha.com

©2025 TANAKA Hiroyuki　　　　　Printed in Japan　　　印刷所　東光整版印刷株式会社
落丁・乱丁の場合は，本社でお取替えします
定価はカバー表示

ISBN978-4-7620-3421-3

早稲田教育叢書

早稲田大学教育総合研究所

（A5 並製　各 C3337）

教育のあり方の探求に貢献する、教育の最前線を取り扱うシリーズ。

坂爪一幸 著　　　　　● ISBN978-4-7620-1650-9　223 頁　定価 2530 円
高次脳機能の障害心理学

白石　裕 編著　　　　● ISBN978-4-7620-1952-4　158 頁　定価 1760 円
学校管理職に求められる力量とは何か
大学院における養成・研修の実態と課題

沖　清豪・岡田聡志 編著　● ISBN978-4-7620-2157-2　216 頁　定価 2640 円
データによる大学教育の自己改善
インスティテューショナル・リサーチの過去・現在・展望

堀　誠 編著　　　　　● ISBN978-4-7620-2158-9　256 頁　定価 2750 円
漢字・漢語・漢文の教育と指導

鈴木晋一 編著　　　　● ISBN978-4-7620-2253-1　208 頁　定価 2530 円
数学教材としてのグラフ理論

三村隆男 著　　　　　● ISBN978-4-7620-2356-9　192 頁　定価 2530 円
書くことによる生き方の教育の創造
北方教育の進路指導、キャリア教育からの考察

町田守弘 編著　　　　● ISBN978-4-7620-2447-4　138 頁　定価 1650 円
早稲田大学と国語教育　学会 50 年の歴史と展望をもとに

小森宏美 編著　　　　● ISBN978-4-7620-2627-0　134 頁　定価 1650 円
変動期ヨーロッパの社会科教育

堀　誠 編著　　　　　● ISBN978-4-7620-2790-1　168 頁　定価 1980 円
古典「漢文」の教材研究

三村隆男 編著　　　　● ISBN978-4-7620-2893-9　280 頁　定価 3080 円
学校マネジメントの視点から見た学校教育研究
優れた教師を目指して

堀　誠 著　　　　　　● ISBN978-4-7620-3076-5　240 頁　定価 2640 円
国語科教材の中の「中国」

池 俊介 編著

地理教育フィールドワーク 実践論

地理教育研究者と地理教師との協働により刊行したフィールドワークの理論と実践を
基礎から学べる手引書。学校教育におけるフィールドワークの現状を踏まえ、その課
題を明らかにするとともに、フィールドワークの類型化を試みる。

● ISBN978-4-7620-3138-0　200頁　定価2310円

金井 景子 編著

声の聴こえる防災教育
被災地と共に生きる人々から学ぶ

「被災地と共に生きる人々の声を聴き，それを次代に伝える」ことを防災教育の基点
に据える試み。福島県、熊本県、そして宮城県の地域を対象に寄せられた声が地域の
課題を共有し対話を重ねてきた「聴き手」を通してまとめられた1冊。

● ISBN978-4-7620-3232-5　184頁　定価2530円

李 軍 編著

「ことばの力」を育む国語科教材開発と授業構築
変革期に問う教材と授業のかたち

「言語文化」「古典探究」といった古典・漢文を扱う科目においてどのように「論理的
思考力」を育成したらよいか。授業づくりに役立つ開発教材と数々の授業構想を提案
し、変革期における教材開発と授業構築の在り方のヒントを提供。

● ISBN978-4-7620-3233-2　180頁　定価2200円

高木 徳郎 編著

『探究』型授業のモデルと実践
日本中世を事例に

探究的な授業作りの実現のため、教科書や資料集等に掲載されている資料（史料）の
不足を補い、より探究的で掘り下げた授業のあり方を提案するための具体的な授業案
（主に日本中世史の分野について）を提示する。

● ISBN978-4-7620-3296-7　184頁　定価2530円

堀 誠 編著

「古典探究」の漢文関連教材をめぐる実践と研究

「日本漢文」や「近代以降の文語文や漢詩文、古典についての評論文など」に着眼。教
育実践の観点から教科と教材の位置づけと養成される力に俯瞰的な分析・考察を加え、
教学の方法や、補助的教材等の提案を含めた教育現場に役立つ内容・構成の一冊。

● ISBN978-4-7620-3418-3　244頁　定価3080円